JÉROME PATUROT

TYPOGRAPHIE LACRAMPE ET COMP.,
RUE DAMIETTE, 2.

JÉROME
PATUROT

A LA RECHERCHE D'UNE POSITION SOCIALE

PAR

LOUIS REYBAUD

Auteur des Études sur les Réformateurs ou Socialistes modernes.

o-◈-o

TOME PREMIER.

o-◈-o

PARIS
PAULIN, ÉDITEUR,
RUE RICHELIEU, 60.
—
1846

AVANT-PROPOS

DE LA TROISIÈME ÉDITION.

Deux éditions de cet ouvrage ont été publiées sans nom d'auteur, et l'accueil favorable qu'il a reçu m'engage seul à l'avouer aujourd'hui.

Toutefois, je désire qu'en le lisant on se souvienne qu'il a été composé avec la pensée qu'il resterait anonyme. Sans cela, sans l'indépendance d'allures que comporte cette nature d'écrits, il est certain que j'aurais adouci divers détails et contenu ma fiction dans les limites d'une réalité plus stricte. Je sais tout ce que l'on doit accorder de liberté à l'imagination; je sais que, dans le domaine de la fantaisie comme dans les jeux de la scène, il est des moyens qu'il faut un peu forcer, des figures qu'il faut grossir, si l'on veut obtenir tous les effets que l'on se propose de produire. Ce sont là des questions de perspective et une manière d'enluminer les personnages afin que le masque garde plus d'expression et plus de vie.

Si je n'avais jamais abordé que des sujets du ressort de l'imagination, mes réserves seraient oiseuses et puériles. Ce que je considère comme de la hardiesse pourrait être taxé de timidité si on le compare à ce qui se fait, à ce qui s'écrit autour de nous. Mais ce n'est guère qu'accidentellement que j'ai mis le pied sur les terres de la fiction, et je ne voudrais pas qu'en rapprochant cet opuscule des ouvrages sérieux que j'ai fait paraître, on pût y découvrir ou un contraste trop vif ou des déviations trop sensibles. C'est dans cet intérêt seul que j'insiste sur le caractère de ce petit roman et sur les circonstances qui en ont accompagné la publication.

JÉROME PATUROT

PREMIÈRE PARTIE.

L'usage du bonnet de coton n'est pas une de ces institutions éphémères destinées à disparaître avec la civilisation qui les vit éclore. C'est, au contraire, un besoin organique fait pour survivre à beaucoup de coutumes qui se croient éternelles. Je n'en veux pour preuve que le nombre toujours croissant des bonnetiers et la belle figure qu'ils font dans notre société industrielle.

L'autre jour, je me trouvais chez l'un d'eux, le mieux assorti peut-être de tout Paris en matière de ces couvre-chefs que le peuple, dans sa langue figurée, a nommés *casques à mèche*. J'hésitais entre un bonnet à flot avantageux, ondoyant, épanoui, et un autre bonnet dont le sommet était couronné par un appendice plus modeste. L'un me tentait par sa majesté, l'autre par sa simplicité, et longtemps je serais demeuré indécis si le marchand n'eût pris la parole :

— Je vous conseille ce genre de flot, me dit-il en me présentant l'un des bonnets ; c'est celui que M. Victor Hugo préfère.

Ce mot me fit oublier la marchandise; je regardai le marchand. C'était un jovial garçon, de trente-cinq ans à peu près, haut en couleur et d'un aspect peu poétique. Le nom qu'il venait de prononcer se conciliait mal avec cet ensemble :

— Vous connaissez donc M. Victor Hugo? lui dis-je.

— Si je le connais!... répliqua-t-il en étouffant un soupir. Puis, comme s'il eût fait un retour sur lui-même, il ajouta : — Je suis son bonnetier.

J'achetai l'article qu'il me présentait; mais, dans le petit nombre de paroles qu'avait prononcées cet homme, j'avais entrevu un monde de douleurs secrètes et toute une existence antérieure pleine d'amertumes et de mécomptes. Évidemment, avant de se réfugier dans le commerce paisible des bonnets de coton, cette âme avait dû chercher sa direction dans d'autres voies et courir quelques aventures. Ce soupçon prit de telles racines en moi que je résolus de l'éclaircir. Je revins donc chez le bonnetier, sous un prétexte ou sous un autre; je l'interrogeai doucement en attaquant le point sensible, et bientôt j'obtins des aveux complets.

Jérôme Paturot, c'est son nom, était une de ces natures qui ne savent pas se défendre contre la nouveauté, aiment le bruit par-dessus tout, et respirent l'enthousiasme. Se passionner pour les choses sans les juger, se livrer avec une candeur d'enfant aux rêves les plus divers, voilà quelle fut la première phase de sa vie. L'exaltation était pour lui un sentiment si familier, si habituel, qu'il se trouvait malheureux dès que la sienne manquait de prétexte ou d'aliment. Avec de semblables instincts, Paturot était une victime promise d'avance à toutes les excentricités. Il n'en évita aucune, et se signala plus d'une fois par une ardeur qui avait l'avantage de ne pas être raisonnée. Il admirait tout naïvement et s'engouait des choses avec une entière bonne foi; il eût, en des temps plus farouches, confessé sa croyance devant le bourreau. Seulement il changeait volontiers l'idole, se rangeant toujours du côté de celle qui avait la vogue et dont le culte était le plus bruyant. Ce fut ainsi qu'il parcourut toute la sphère des découvertes modernes dans l'ordre littéraire, philosophique, religieux, social et même industriel. Il n'aboutit au bonnet de coton qu'après avoir successivement passé par les plus belles inventions de notre époque.

A la suite de quelques entretiens, j'avais obtenu la confiance de Jérôme Paturot. D'aveu en aveu, je parvins à lui arracher l'histoire de sa vie entière, et peut-être n'est-il pas sans intérêt de la consigner ici pour apprendre à nos neveux à combien de tentations les enfants de ce siècle furent en butte.

C'est Paturot lui-même qui va raconter ses douleurs.

I.

PATUROT POÈTE CHEVELU.

Je n'ai pas toujours été, me dit l'honnête bonnetier, tel que vous me voyez, avec mes cheveux ras, mon teint fleuri et mes joues prospères. Moi aussi, j'ai eu la physionomie dévastée et une chevelure renouvelée des rois mérovingiens. Oui, monsieur, j'étais chef de claque à *Hernani*, et j'avais payé vingt francs ma stalle de balcon. Dieu! quel jour! quel beau jour! Il m'en souvient comme si c'était d'hier. Nous étions là huit cents jeunes hommes qui aurions mis en pièces M. de Crébillon père, ou La Harpe, ou Lafosse, ou n'importe quel autre partisan des unités, s'ils avaient eu le courage de se montrer vivants dans le foyer. Nous étions les maîtres, nous régnions, nous avions l'empire!

Mais reprenons les choses d'un peu plus haut. Orphelin de bonne heure, monsieur, j'avais été élevé par les soins d'un oncle, vieux célibataire, qui n'aspirait qu'à se démettre en ma faveur de la suite de son commerce et de la gestion de son établissement. Faire de moi un bonnetier modèle était sa seule ambition. J'y répondis en mordant au grec et au latin avec un fanatisme malheureux. Quand, au sortir du collége, je revis cette boutique avec son assortiment de marchandises vulgaires, un profond dégoût s'empara de moi. Je venais de vivre avec les anciens, d'assister à la prise de Troie, à la fondation de Rome, de boire avec Horace aux cascades de Tibur, de sauver la république avec Cicéron, de triompher comme Germanicus, d'abdiquer comme Abdolonyme, et, de cette existence souveraine, héroïque, glorieuse, il fallait descendre à quoi? au tricot et aux chaussettes. Quel déchet! Dès ce moment, monsieur, je fus livré au démon de l'orgueil. Je me crus destiné à tout autre chose qu'à coiffer et à culotter le genre humain. Cette ambition me perdit.

C'était alors le moment de la croisade littéraire
dont vous avez sans doute entendu parler, quoiqu'elle
soit aujourd'hui de l'histoire ancienne. Une sorte de
fièvre semblait s'être emparée de la jeunesse : la révolte contre les classiques éclatait dans toute sa fu-
reur. On *démolissait* Voltaire, on *enfonçait* Racine,
on écrasait Boileau sous son prénom de Nicolas, on
traitait Corneille de perruque, on donnait à tous nos
vieux auteurs l'épithète un peu légère de *polissons*.
Passez-moi le mot ; il est historique. En même temps,
on disait à l'univers que le temps des génies était
arrivé, qu'il suffisait de frapper du pied la terre pour
en faire sortir des œuvres rutilantes et colorées, où
le don de la forme devait s'épanouir en mille arabesques plus ou moins orientales. On annonçait que le
grand style, le vrai style, le suprême style allait
naître, style à ciselures, style chatoyant et miroitant,
empruntant au ciel son azur, à la peinture sa palette,
à l'architecture ses fantaisies, à l'amour sa lave, à la
jalousie ses poignards, à la vertu son sourire, aux
passions humaines leurs tempêtes. La littérature que
nous allions créer devait être stridente, cavalière,
bleue, verte, mordorée, profonde et calme comme le
lac, tortueuse comme le poignard du Malais, aiguë
comme la lame de Tolède ; elle devait concentrer en
elle la fierté de la grandesse espagnole et l'abandon
folâtre du polichinelle napolitain ; élever sa pointe en
minaret comme à Stamboul ; se daller en marbre
comme à Venise ; résumer Soliman et Faliéro, le
muezzin et le gondolier des lagunes, deux types con-
tradictoires ; chanter avec l'oiseau, blanchir avec la
vague, verdir avec la feuille, ruminer avec le bœuf,

hennir avec le cheval, enfin se livrer à toutes ces opérations physiques avec un bonheur extraordinaire, vaincre en un mot, dominer, supplanter, et (passez-moi encore une fois l'expression) enfoncer la nature.

Voilà ce que nous voulions, ni plus ni moins.

Je dis nous, monsieur, car je fus le cent quatre-vingt-dix-huitième génie de cette école, par numéro d'ordre. A peine eut-on proclamé un chef que je m'écriai : « *De ta suite, j'en suis !* » Et j'en fus. Comme titre d'admission, je composai une pièce de vers monosyllabiques que l'on porta aux nues et qui débutait ainsi :

>   Quoi !
>   Toi,
>   Belle
>   Telle
>   Que
>   Je
>   Rêve
>   Ève ;
>   Sœur,
>   Fleur,
>   Charme,
>   Arme,
>   Voix,
>   Choix,
>   Mousse,
>   Douce, etc.

Et ainsi de suite, pendant cent cinquante vers. Lancé de cette façon, je ne m'arrêtai plus. L'enjambement faisait alors fanatisme ; je donnai dans l'enjambement, et c'est à moi que l'on doit ce sonnet célèbre qui disait :

> Toi, plus blanche cent fois qu'un marbre de Paros,

Néère, dans mon cœur tu fais naître un paro-
xisme d'amour brûlant comme l'est une lave ;
Non, non le pape Sixte, au sein de son conclave,
Etc., etc.

Je viens de vous parler de sonnet, monsieur ; quels souvenirs ce mot réveille en moi ! L'ai-je cultivé, cet aimable sonnet ! Tout ce qu'il y a dans mon être de puissance, de naïveté, de grâce, d'inspiration, je l'ai jeté dans le sonnet. Pendant six mois, je n'ai guère vécu que de sonnets. Au déjeuner, un sonnet ; au dîner, deux sonnets, sans compter les rondeaux. Toujours des sonnets, partout des sonnets ; sonnets de douze pieds, sonnets de dix, sonnets de huit ! sonnets à rimes croisées, à rimes plates, à rimes riches, à rimes suffisantes ; sonnets au jasmin, à la vanille, sonnets respirant l'odeur des foins ou les parfums vertigineux de la salle de bal. Oui, monsieur, tel que vous me voyez, j'ai été une victime du sonnet, ce qui ne m'a pas empêché de donner dans la ballade, dans l'orientale, dans l'ïambe, dans la méditation, dans le poëme en prose et autres délassements modernes. Mais mon encens le plus pur a brûlé en l'honneur de cette divinité que l'on nomme la couleur locale. A volonté mes vers étaient albanais, cophtes, yolofs, cherokees, papous, tcherkesses, afghans et patagons. Je faisais résonner avec un égal succès la mandoline espagnole, le tambour nègre et le gong chinois. Mes recueils poétiques composaient un cours complet de géographie. La feuille du palmier, la fleur du lotus, le tronc du baobab, les fruits de l'arbre de Judée y tenaient la place que doit leur accorder tout amant de la forme, tout desservant fidèle de la nature. Les costumes, les armes, les cosmétiques, les mets favoris des peuples divers n'échappaient point à ma muse : la basquine, le burnous, le fez, le langouti, la saya, le kari et le couscoussous, le kava et le gin, le kirch et le samchou, aucun vêtement, aucun aliment, aucun spiritueux même n'étaient rebelles à l'appel de mon vers, et les trois règnes se défendaient vainement d'être mes tributaires.

Oh! quel temps, monsieur, quel temps! On m'eût donné la statistique du Japon à mettre en strophes que je n'eusse pas reculé devant la besogne. Quand on est jeune on ne connaît pas le danger.

Je vous ai parlé tout à l'heure de la première représentation d'*Hernani*. C'est là que nous fûmes beaux! Jamais bataille rangée ne fut conduite avec plus d'ensemble, enlevée avec plus de vigueur. Il fallait voir nos chevelures : elles nous donnaient l'aspect d'un troupeau de lions. Montés sur un pareil diapason, nous aurions pu commettre un crime : le ciel ne le voulut pas. Mais la pièce, comme elle fut accueillie! Quels cris! quels bravos! quels trépignements! Monsieur, les banquettes de la Comédie-Française en gardèrent trois ans le souvenir. Dans l'état d'effervescence où nous étions, on doit nous savoir quelque gré de ce que nous n'avons pas démoli la salle. Toute notion du droit, tout respect de la propriété semblaient éteints dans nos âmes. Dès la première scène, ce fut moi qui donnai le signal sur ces deux vers :

> Et reçoit tous les jours, malgré les envieux,
> Le jeune amant sans barbe à la barbe du vieux.

Depuis ce moment jusqu'à la chute du rideau, ce ne fut qu'un roulement. Quand Charles-Quint s'écria :

Croyez-vous donc qu'on soit si bien dans cette armoire ?

la salle ne se possédait déjà plus. Elle fut enlevée par la scène des tableaux, et le fameux monologue l'acheva. Si le drame avait eu six actes, nous tombions tous asphyxiés. L'auteur y mit de la discrétion ; nous en fûmes quittes pour quelques courbatures.

J'appartenais donc tout entier à la révolution littéraire : c'était presque une position sociale. Il ne s'agissait plus que de la consolider par un poëme en dix-huit mille vers d'un genre babylonien, ou par des fantaisies castillanes, telles que saynètes et romans de cape et d'épée. Je pouvais aussi abonder dans le sonnet ; mais, permettez-moi l'expression, je sortais d'en prendre. Malheureusement, mes affaires financières étaient alors assez embrouillées. Depuis que je m'étais livré à la muse, mon oncle le bonnetier m'avait fermé sa porte, et il parlait de me déshériter. Il ne me restait plus que 4 à 5,000 francs, débris de la succession paternelle. Ce fut avec cette somme que je me lançai dans la carrière. Aucun éditeur ne voulait imprimer mes œuvres à ses frais ; je me décidai à spéculer moi-même sur mon génie. Je publiai trois volumes de vers : *Fleurs du Sahara.* — *La Cité de l'Apocalypse.* — *La Tragédie sans fin.* Hélas ! à quoi tient la destinée des livres ! J'en vendis quatre exemplaires, et aujourd'hui je me demande quels sont les malheureux qui ont pu les acheter. Quatre exemplaires, monsieur, et j'avais dépensé 4,000 francs! C'était 1,000 francs par exemplaire!

Cet échec amena un orage dans ma vie.

Il faut vous dire que j'avais cru devoir, dans l'intérêt de mes inspirations, associer à ma destinée une jeune fleuriste du nom de Malvina. Le caprice avait formé ce nœud, l'habitude l'avait resserré : il n'y manquait plus que la loi et l'église. Par malheur, monsieur, Malvina n'appartenait point à mon école : elle raffolait de Paul de Kock, et savait par cœur la célèbre partie de loto de la *Maison blanche*. Plus d'une fois elle m'avait compromis publiquement par des appréciations que je m'abstiendrai de qualifier, et mes amis me reprochaient souvent ces amours si peu littéraires. Ma chambre était inondée de volumes malpropres empruntés au cabinet de lecture voisin : *M. Dupont*, *André le Savoyard*, *Sœur Anne*, et que sais-je encore! Malvina dévorait ces turlupinades, tandis qu'elle se faisait des papillotes de mes *Fleurs du Sahara*, et condamnait aux usages les plus vulgaires ma *Cité de l'Apocalypse*. Voilà dans quelles mains j'étais tombé.

Tant que mon petit pécule avait duré, nos relations s'étaient maintenues sur un pied tolérable. Malvina se contentait de me qualifier, de loin en loin, de cornichon, ce qui était peu parlementaire; mais j'étais fait à ces aménités. Cependant, à mesure que les fonds baissaient, le ton devenait plus rogue, et nos disputes sur l'esthétique prenaient de l'aigreur. Aux derniers cent francs, sa passion pour les romans de Paul de Kock avait pris un caractère tout à fait violent, et ses mépris pour la poésie moderne ne connaissaient plus de bornes. La discussion se renouvelait chaque jour avec un acharnement nouveau.

— C'est du propre que vos livres, me disait-elle ; voyez seulement si vous en vendez la queue d'un.

— Malvina, lui répondais-je, vous ne raisonnez point en amie de l'art ; vous êtes trop utilitaire.

— Oui-dà ! avec ça que l'on vit de l'air du temps ! Il a fallu mettre hier deux couverts au mont-de-piété.

Voilà, monsieur, à quelles extrémités j'en étais réduit et quel langage il me fallait subir. J'avais beau demander des armes à la poésie contre de pareils arguments : le bon sens de cette fille m'écrasait. Chaque jour je me détachais davantage de l'art pour songer à la vie positive ; le besoin altérait chez moi les facultés du coloriste, et la misère étouffait l'inspiration. Je commençais à ne plus croire à l'infaillibilité d'une école qui laissait ses adeptes aussi dénués ; je me prenais à douter de la ballade et du sonnet, de l'ode et du dithyrambe ; je tenais déjà le lyrisme dramatique pour suspect, et l'alliance du grotesque et du sublime ne me semblait pas le dernier mot de la composition littéraire. Bref, j'étais prêt à renier mes dieux.

Une saillie de Malvina acheva l'affaire. Quand le jour fut venu où nous eûmes épuisé nos dernières ressources, je m'attendais à des reproches, à des larmes ; je croyais du moins qu'elle témoignerait quelque inquiétude et quelque tristesse. Je ne connaissais pas Malvina. Jamais elle ne se montra plus pétulante et plus gaie. Elle sautait dans la chambre, gazouillait comme une alouette, et de temps en temps pinçait un petit temps de danse pittoresque.

— Diable! lui dis-je, c'est comme ça que tu le prends?

— De quoi! répliqua-t-elle; il n'y a rien à la maison. Eh bien! je me ferai saint-simonienne.

Ce mot m'éclaira : une vocation nouvelle se révélait à moi. J'avais l'étoffe d'un saint-simonien. Le tour de ces messieurs était alors venu, ils éclipsaient les romantiques. Puisque Malvina se lançait dans la partie, je pouvais bien me lancer avec elle. Mes fonds étaient évanouis, l'oncle Paturot me tenait toujours rigueur. Que risquais-je?

Dès le lendemain, je fis tomber sous les ciseaux ma chevelure de Mérovingien, pour laisser croître mes moustaches et ma barbe. Je voulais paraître devant les capacités de Saint-Simon avec tous mes avantages. Malvina, de son côté, s'épanouissait à la seule idée qu'elle allait être reçue femme libre.

C'est là, monsieur, le second chant de mon odyssée.

II.

PATUROT SAINT-SIMONIEN.

Jérôme continua ainsi ses confidences :

Monsieur, quand je me décidai à entrer dans le saint-simonisme, la religion avait déjà revêtu l'habit bleu-barbeau inventé par Auguste Chindé, tailleur spécial du nouveau pape. Je me fis culotter par cet artiste, et j'eus toutes les peines du monde à empêcher Malvina d'en faire autant. Ma jeune fleuriste s'était fait une idée exagérée de ses nouveaux devoirs : elle se croyait obligée à tirer vengeance en ma personne de l'oppression que son sexe subissait de temps immémorial, et il fallut l'intervention d'un de nos pères en Saint-Simon pour que son zèle de néophyte ne la portât point à des extrémités fâcheuses. Il faut vous dire que Malvina a la main naturellement prompte. Jugez de ce que cela devait être sous l'empire d'un sentiment religieux ! La première période de son émancipation fut rude à passer.

Ce ne fut pas ma seule épreuve. Vous avez vu, monsieur, quelle figure je faisais dans la phalange romantique. Mon nom avait percé parmi les poëtes chevelus, et je pouvais me flatter de jouir dans leur cénacle d'une certaine réputation. Quand il s'agit de me donner un grade parmi les saint-simoniens, je fis valoir ces titres, une physionomie heureuse, comme vous le voyez, et une foule d'autres avantages que ma modestie me défend d'énumérer. Je devais croire que les gros bonnets du saint-simonisme, ceux qu'on nommait les pères, seraient flattés d'ouvrir leurs rangs à un homme aussi littéraire que je l'étais. J'avais compté, monsieur, sans l'économie politique et la philosophie transcendante. On me fit subir un examen qui roula sur ces sciences barbares, après quoi les juges me délivrèrent mon brevet de capacité. Le croiriez-vous? j'étais saint-simonien de quatrième classe; on me proposait en second à la rédaction des bandes du journal de la religion.

Mon premier mouvement fut de la colère, une colère d'auteur sifflé. Je voulais donner au diable et les pères, et les examinateurs, et le brevet de capacité. On me calma, on me promit de l'avancement. Mes supérieurs me firent l'œil en coulisse, comme c'était leur usage quand ils voulaient magnétiser les récalcitrants. Je me laissai attendrir en pensant que, tôt ou tard, on rendrait justice à un homme de style. Je réfléchis d'ailleurs que je me devais à l'humanité ; j'oubliai ces petites blessures d'amour-propre en songeant à la reconnaissance des générations futures. On m'expliqua, en deux mots, en quoi consistait le saint-simonisme. Nous avions pour mission d'empêcher *l'exploitation de l'homme par l'homme*, en vertu de quoi, plus tard, à Ménilmontant, on me fit cirer les bottes de la communauté. Nous nous proposions aussi de mettre un terme à *l'exploitation de la femme par l'homme*; ce qui explique pourquoi Malvina, dans sa ferveur religieuse, se plaisait à me traiter comme un nègre.

Pendant que mes débuts avaient si peu d'éclat, ceux de ma fleuriste faisaient sensation. Pitié, monsieur, pitié ! Cette jeune fille qui, en littérature, ne pouvait s'élever au-dessus du Paul de Kock, était, en saint-simonisme, un vase d'élection, une nature d'élite. On la reçut de seconde classe, avec la perspective d'aller plus haut. On lui trouvait les qualités de la femme forte, d'un esprit sans préjugés. Malvina a ce que l'on nomme vulgairement du *bagout* : ce genre de talent plaisait aux saint-simoniens, ils en avaient l'emploi, cela entrait dans leur spécialité. Moi-même, quelques jours après, je pus voir quelle précieuse acquisition la religion nouvelle avait faite dans la personne de ma fleuriste. Ce fut comme un coup de théâtre, et malgré moi j'y jouai un rôle. Voici dans quelles circonstances.

Le saint-simonisme cherchait à faire des conquêtes, et dans ce but, il n'épargnait aucun moyen pour agir sur le public. L'un des plus puissants consistait en des conférences qui se tenaient le soir, à la lueur de cent bougies, dans une salle située rue Taitbout. Comme auditoire, on y voyait des curieux venus de tous les coins de Paris, des ouvriers, des grisettes, des artistes, des gens du monde, une société un peu mêlée, mais fort originale. Là éclataient des professions de foi, des conversions soudaines. Les saint-simoniens qui avaient la parole facile se lançaient dans divers sujets et faisaient assaut d'éloquence. On pleurait, on s'embrassait, on applaudissait, sous la surveillance des sergents de ville et avec l'approbation de l'autorité. Quand un spectateur demandait la parole pour une interpellation, on la lui accordait, et alors commençait une sorte de tournoi entre les incrédules et les apôtres saint-simoniens. On sifflait d'un côté, on approuvait de l'autre, on échangeait des apostrophes qui n'étaient rien moins que parlementaires, jusqu'à ce que les municipaux fissent évacuer la salle et que force restât à la loi. J'ai passé là, monsieur, quelques soirées que je ne retrouverai de ma vie.

Le premier jour où nous parûmes, Malvina et moi, sur le banc des nouveaux catéchumènes, la discussion s'engagea au sujet des droits de la femme, de l'émancipation de la femme. Un beau parleur de l'assemblée cherchait à prouver la supériorité de notre sexe sur l'autre; il s'appuyait sur des documents historiques, sur les différences d'organisation, sur les lois de la nature. A diverses fois, Malvina avait témoigné son impatience, quand tout à coup, ne pouvant se contenir, elle se leva :

— Mon père, dit-elle au président, j'éprouve le besoin de répondre à ce muguet; je demande la parole.

— Vous l'avez, ma sœur, dit le président.

— A la bonne heure, reprit-elle, je me dégonflerai. Qu'est-ce qu'il vient donc de nous chanter, ce linot, que notre sexe est fait pour obéir, le sien pour commander? Ils sont tous comme ça, ces serins d'hommes. En public, roides comme des crins; dans le tête-à-tête, souples comme des gants. Connu! connu!

A cette sortie, l'assemblée entière fut saisie d'un fou rire. Les grisettes étaient en nombre : le triomphe de Malvina fut le leur.

— Bravo! bravo! criait-on.

Malvina rayonnait; elle reprit :

— Ah! voulez-vous voir comment on les éduque, les hommes, quand on s'en donne la peine. Eh bien! on va vous en offrir le spectacle, la vue n'en coûte rien. Ici, Jérôme.

C'était moi que Malvina apostrophait en y ajoutant un signe de l'index qui ne me laissait aucun doute sur son intention. J'aurais voulu être à cent pieds sous terre. J'allais servir à une exhibition, j'allais poser. Un moment je songeai à désobéir; mais l'air de Malvina était si impérieux, elle semblait si peu douter de ma soumission, que je n'osai pas intervertir les rôles. Les pères saint-simoniens paraissaient d'ailleurs enchantés de la tournure que prenait la scène : c'était pour eux une démonstration vivante, et autour de moi tout le monde m'encourageait à m'y prêter. Je me rendis donc au geste de Malvina. Quand je fus à sa portée, elle me mit la main sur l'épaule, et, se tournant vers l'auditoire, elle ajouta :

— En voici un que j'ai dressé ! Il pinçait le vers français, ça ne m'allait pas, j'en ai fait un saint-simonien, j'en ferai tout ce qu'il me plaira. Ah ! vous croyez que c'est toujours la culotte qui gouverne ; merci ! Il y en a beaucoup parmi vous qui ne parlent haut que lorsqu'ils sont loin du jupon de leurs épouses. Suffit, je m'entends. Va t'asseoir, Jérôme.

Vous dire la tempête de bravos qui accueillit cette boutade est impossible. L'essaim des brodeuses, des chamarreuses, des lingères, des modistes, qui bourdonnait dans la salle, voulait porter Malvina en triomphe. Jamais père n'avait obtenu un succès pareil. Séance tenante, cinquante-trois ouvrières confessèrent la foi saint-simonienne ; les conversions se succédaient, et c'était Malvina qui en était l'âme. Aussi passa-t-elle, dans cette même soirée, au grade de prêtresse du premier degré.

Vous l'avouerai-je ? j'étais confus du rôle que je venais de jouer, et pourtant le succès de ma fleuriste me touchait comme un résultat auquel j'avais concouru. Malvina me comprit, car en rentrant elle me sauta au cou et me dit :

— T'as un bon caractère, Jérôme ; je te revaudrai cela, parole de prêtresse.

En effet, monsieur, son dévouement ne se démentit plus.

Quelques mois se passèrent ainsi. On donna des bals passablement décolletés en l'honneur de la religion : jamais culte ne s'était annoncé plus gaiement. Des femmes plus ou moins libres animaient ces fêtes, et je n'étais pas le moins empressé auprès d'elles. Ces assiduités donnèrent à réfléchir à Malvina ; le saint-simonisme commença à lui paraître un peu trop sans préjugés. D'un autre côté, quelques pères voulurent prendre des libertés avec elle, et il fallut qu'elle les mît à la raison à sa manière. On se fâcha, elle se fâcha plus fort ; on la menaça de destitution, elle répondit par des impertinences.

D'ailleurs, les fonds saint-simoniens marchaient vers une baisse, et Malvina pressentait une déconfiture prochaine. Déjà on s'était retiré sur les hauteurs de Ménilmontant pour y vivre d'économie. Le régime des raisins verts et du haricot de mouton allait arriver. Cependant je ne voulus pas abandonner la partie au moment où elle se gâtait ; je résolus de faire preuve de dévouement en restant à mon poste. Je me cloîtrai comme les autres et pris l'habit, le fameux habit saint-simonien. On m'assigna mon emploi, mes fonctions. Hélas ! monsieur, ce fut la dernière humiliation qui m'était réservée. Ma capacité m'avait valu le soin des chaussures de la communauté. Pendant deux mois je vécus dans le cirage ; chaque jour je lustrais quarante paires de bottes religieusement. Par exemple, je n'ai jamais pu me rendre compte du service que je rendais en cela à l'humanité, et quel intérêt mon coup de brosse pouvait avoir pour les générations futures. C'est un problème qu'aujourd'hui encore je me pose sans pouvoir le résoudre.

Autant, monsieur, la première période de notre vie religieuse avait été remplie de joies et de succès, autant la seconde fut pleine de tristesse et de revers. Le jardin dans lequel nous nous étions volontairement cloîtrés abondait en raisins qui n'ont jamais pu mûrir. La détresse s'en mêlant, nous en fîmes la base de notre ordinaire, et Dieu sait ce qu'il en résulta. Malvina, qui avait repris son travail en ville, venait à mon secours en m'apportant quelques côtelettes supplémentaires; mais cela ne suffisait pas pour balancer l'affreux ravage des fruits verts. Vous dire dans quel état se trouvait alors la religion serait chose impossible. Enfin, un jour ma fleuriste me vit si pâle et si défait, qu'elle fit acte d'autorité.

— Mon petit, dit-elle, ça ne peut pas durer comme ça; jamais le verjus n'a fait de bons estomacs. Puisqu'on te fait brosser les bottes des camarades, faut qu'on te nourrisse. Quiconque travaille doit manger.

— C'est bon à dire, Malvina; mais là où il n'y a rien, le plus affamé perd son droit.

— Eh bien alors, mon chéri, on leur dit adieu et l'on va décrotter ailleurs. Au fait, tu as maintenant un joli talent de société.

Je suivis le conseil de Malvina, je quittai Ménilmontant. Mais que devenir? Faut-il l'avouer? malgré les mécomptes de cette vie un peu aventureuse, malgré les souffrances physiques, les privations de tout genre, je ne me séparai qu'à regret des illusions qu'une année d'apostolat avait fait naître en moi! Sérieusement, monsieur, il y eut un moment où je me crus appelé à régénérer le monde, à lui prêcher un évangile nouveau. J'avais cette foi robuste qui, au dire de l'Apôtre, peut déplacer les montagnes; je croyais que nous apportions aux classes souffrantes la parole du salut, que nous allions donner de la manne à tous les estomacs, de l'ambroisie à toutes les bouches arides. Tous, nous nous imaginions avoir dérobé à Dieu son secret pour en faire hommage à la terre. L'orgueil, sans doute, entrait pour beaucoup dans tout cela; mais au fond de nos cœurs dominaient pourtant une compassion véritable pour nos semblables, un désir ardent du bien, un dévouement sincère, un désintéressement réel.

Voilà pourquoi, monsieur, nous soutînmes sans faiblir un rôle souverainement ridicule. Ces fonctions grossières auxquelles chacun de nous savait se soumettre, l'abstinence souvent pénible qui signala notre vie en commun, ne trouvent leur explication que dans la conviction ardente qui nous animait. Aussi, restai-je longtemps sous le coup de cette impression. L'idée que notre globe n'avait d'avenir que dans une transformation complète me poursuivit sans relâche; la régénération humaine m'assiégeait sous toutes les formes. De quelque côté que je visse luire ce feu trompeur, on était sûr de me voir accourir; je craignais que ce grand travail ne s'accomplît sans moi, et, comme on l'a dit, j'étais jaloux d'apporter ma pierre à ce monument.

Hélas! monsieur, ce ne sont pas les occasions qui me manquèrent. A aucune époque, l'humanité n'eut plus de sauveurs que de notre temps. Quelque part que l'on marche, on met le pied sur un messie; chacun a sa religion en poche, et, entre les formules du parfait bonheur, on n'a que l'embarras du choix. Je ne choisis pas, car j'essayai de tout. Il était fort question de l'Église française, je donnai dans l'Église française : je faillis devenir sous-primat. Malvina, qui est une fille de sens, m'arrêta fort à propos, entre une messe en français et un sermon sur la bataille d'Austerlitz.

Je passai ensuite en revue les diverses sectes de néo-chrétiens dont Paris était inondé. Chacun, monsieur, voulait interpréter le christianisme à sa manière. Il y avait les néo-chrétiens du journal l'*Avenir*, les néo-chrétiens de M. Gustave Drouineau, les néo-catholiques et une foule d'autres, tous possédant le dernier mot du problème social et religieux, tous déclarant l'univers perdu si l'on n'adoptait pas leurs maximes. J'allai des uns aux autres, cherchant la vérité, cherchant surtout à prendre position quelque part. Hélas! je ne trouvai que chaos et impuissance, jalousie entre les sectes naissantes, schismes dans le schisme, mots sonores sans signification, prétentions exagérées, orgueil immense, confusion des langues plus grande que celle dont les ouvriers de Babel donnèrent le spectacle. De guerre lasse, monsieur, je me fis templier; c'était un remède héroïque. Si l'ordre avait vécu cinquante jours de plus, peut-être devenais-je le soixante et dixième successeur de Jacques Molay.

Cependant, c'est à cette époque de notre vie que nous devons, Malvina et moi, l'une de nos plus vives satisfactions. Nous connûmes alors le grand *Mapa*. Le *Mapa*, monsieur, fut l'idéal de tous ces pontifes nouveaux. Il les dépassait comme le chêne dépasse les bruyères. Figurez-vous une barbe vénérable, une élocution facile, un air avenant : tel était le Mapa. Il séduisit Malvina au premier abord. Sa religion était dans son nom, formé de l'initiale de *maman* et de la finale de *papa*, c'est-à-dire *ma-pa* : un mythe, un symbole, l'homme et la femme, la mère et le père, un résumé de l'humanité; la femme avant l'homme, car c'est la femme qui engendre, si c'est l'homme qui féconde. Il fallait l'entendre expliquer son système, ce divin Mapa! Les paroles coulaient de ses lèvres, douces comme le miel. Depuis les beaux jours du symbolisme indien et de la mythologie grecque, on n'avait rien connu de plus vénérablement hiéroglyphique, cabalistique et hermétique. Oui, monsieur, le Mapa a laissé plus de traces dans mon esprit que tous les réformateurs pris ensemble, sans en excepter Saint-Simon et M. Gustave Drouineau.

Ces tentatives ne constituaient pas toutefois une position sociale; les rêves ne font pas vivre longtemps. Malvina y mettait du sien tant qu'elle pouvait, l'excellente fille; cependant nous n'allions qu'à force de privations. D'ailleurs, dans la force de l'âge, il était honteux de n'avoir pas su encore me ménager des ressources qui me fussent propres. J'en rougissais malgré moi; mais, quand il s'agissait d'adopter une carrière, des scrupules puérils me retenaient. Mon oncle me fit faire, à l'insu de Malvina, quelques ouvertures. Il était vieux, sans enfants; j'étais son seul héritier : il m'offrit de me céder son commerce de son vivant, de me diriger, de m'initier. L'orgueil, monsieur, fut plus fort que le besoin. Ce mot de bonnetier me révoltait : c'était mon cauchemar. Je me disais qu'il était indigne d'un homme littéraire comme moi de végéter dans la bonneterie, d'être bonnetier, de vendre des bonnets, et de coton encore! Plus mon oncle se montrait pressant, plus j'éprouvais de répugnance. Un jour le hasard nous mit face à face sur le boulevard du Temple. Le digne parent vint à moi, me serra la main :

— Eh bien! Jérôme, es-tu décidé? me dit-il.

— Jamais, mon oncle, jamais! répliquai-je.

Et je m'enfuis à toutes jambes, comme si je venais d'échapper à un grand péril.

Que d'orages, monsieur, m'attendaient encore sur cet océan parisien, avant que je pusse jeter l'ancre dans le port de la filoselle et du tricot!

III.

PATUROT GÉRANT DE LA SOCIÉTÉ DU BITUME DE MAROC.

Le récit des aventures du pauvre Jérôme commençait à m'intéresser. Cette nature candide, accessible aux illusions, et disposée aux expériences, résumait par plus d'un point l'histoire et la situation d'esprit de la jeunesse actuelle. Je me montrais donc exact au rendez-vous qu'il me donnait, et je le voyais, de son côté, devenir plus communicatif à mesure qu'il se familiarisait davantage avec moi.

— Quand vous eûtes quitté le saint-simonisme, lui dis-je, quel parti prîtes-vous?

— Ne m'en parlez pas, monsieur : c'est ici que commencent mes plus tristes aventures.

Et il continua :

Depuis que la porte de Ménilmontant s'était fermée sur moi, nous vivions assez tristement. J'avais vu s'effeuiller mes premiers rêves, s'évanouir mes plans imaginaires, se flétrir mon idéal. Quand on entre dans la vie, monsieur, on se la figure volontiers comme une chose éthérée; on en fait un éden que l'on peuple de fantômes gracieux, et où il suffit, pour se maintenir en santé et en joie, de contempler la nature et de respirer le parfum des fleurs. Tout est beau, tout est bon; la pensée ne touche à rien sans l'embellir et le colorer. Il semble que l'humanité a le bonheur sous la main, que la douleur n'est qu'un malentendu. Des besoins, on n'en connaît pas; des soucis, on n'a que celui d'aimer, d'être aimé, de s'épanouir, de se laisser vivre. Oh! les illusions de la jeunesse, que c'est beau, mais que c'est court!

Je n'en étais plus là; je touchais à la seconde période de l'existence. Malvina m'y rappelait souvent; elle était impitoyable pour tout ce qui touche à la vie matérielle. Elle aimait la galette du Gymnase, le théâtre à quatre sous, le flan et les socques plus ou moins articulés. Elle se plaignait de la charcuterie, qui formait alors la base de nos repas, et me tenait pour un être profondément incapable, parce que je ne lui avais pas encore donné un tartan neuf et une chaîne en or. Dîner au restaurant à quarante sous, faire une partie d'ânes à Montmorency, aller entendre Marti à la Gaîté lui semblait la plus grande somme de plaisirs que Dieu ait pu accorder à ses créatures.

Je passe sous silence son goût désordonné pour les pralines, qui souvent prit un caractère ruineux.

Nous vivions donc tous les deux sous le même toit, dans la même chambre; elle le réel, moi l'idéal; elle ne rêvant que macaroni au gratin, moi repu de chimères. Le contraste était grand, la lutte fut vive; elle se renouvela plus d'une fois; mais je sentais bien en moi-même que le résultat n'en serait pas douteux, que le démon dominerait l'ange, qu'Ève embaucherait Adam. Au milieu de tous les mécomptes qui m'assiégeaient, de toutes les déceptions dont j'étais la proie, je ne savais plus où reposer ma pensée; et Malvina était là, toujours là, me traitant de cornichon et de serin, épithètes qui lui étaient familières, me montrant d'un air moqueur le luxe qui circulait sous nos yeux, ces carrosses qui sillonnent les rues, les savoureux comestibles étalés sous les vitres des traiteurs, les velours, les robes de soie, les dentelles, les bronzes, les ameublements somptueux que la capitale semble déployer sur tous les points comme une insulte à la misère. Ce spectacle, monsieur, c'est pour le pauvre la tentation de Jésus-Christ sur la montagne, et il y est en butte tous les jours.

Dans la maison où nous occupions une mansarde habitait un homme de quarante ans environ, dont la physionomie et la mise m'avaient frappé. Des bagues en brillants à tous les doigts, un luxe énorme de chaînes d'or qui ruisselaient sur sa poitrine, des boutons de chemise éblouissants, des breloques, des tabatières de prix, des gilets merveilleux, des habits coupés dans le dernier genre lui donnaient, pour me servir de l'expression de Malvina, l'aspect d'un homme cossu.

L'âge avait un peu dégarni son crâne ; mais un toupet, parfaitement en harmonie avec les cheveux, réparait le ravage des années. Ce toupet, suivant qu'il affectait telle ou telle nuance, telle ou telle forme, avait en outre le privilége de transformer l'individu au point de faire douter de son identité. Du reste, M. Flouchippe (il se donnait ce nom) jouissait d'une figure avenante, de manières aisées, d'une prestance heureuse. Tout en lui annonçait la richesse, la joie et l'expansion. Il occupait le premier, avait groom et cabriolet, et dînait tous les jours en ville.

Depuis quelque temps, je m'étais aperçu que, à chacune de nos rencontres dans l'escalier, M. Flouchippe m'honorait de son plus gracieux sourire. Dans l'expression de ses traits se laissait entrevoir on ne saurait dire quelle intention de me faire des avances et d'engager la conversation. Cependant, comme tout se bornait à quelques témoignages de politesse, je me contentais de penser en moi-même que nous avions là un voisin bien élevé. J'en parlais à Malvina ; mais, au lieu de me répondre, elle détourna l'entretien. C'est qu'elle méditait alors avec le Crésus du premier un plan de campagne dont j'allais bientôt recevoir la confidence, et dont je devais être l'un des héros. Prêtez-moi quelque attention, monsieur : ceci est une des calamités de ma vie ; il faut que vous sachiez comment j'y ai été conduit.

Un soir, nous soupions, Malvina et moi ; triste souper, souper d'anachorètes, du fromage et des noix, quand ma fleuriste, frappant la table de son couteau, s'écria :

— Ça n'est pas vivre, ça. On n'engraisse pas une femme avec des coquilles de noix !

L'apostrophe allait à mon adresse : je le compris et sus me contenir.

— Eh bien ! qu'est-ce que ce genre-là ? poursuivit la jeune fille en élevant peu à peu le ton ; vous êtes donc de la race des poissons, que vous ne répondez pas quand on vous parle ?

— Mais, Malvina, il me semble...

— Il vous semble mal. Vous n'êtes qu'un être insupportable ; je ne puis pas vous souffrir.

J'étais fait à cette gamme ; je ne m'en émus pas ; je savais comment se formaient ces orages, comment ils éclataient, comment ils s'apaisaient. Cette fois, pourtant, la recette ordinaire ne fut pas suffisante. Malvina consentit bien à se calmer, mais elle prit un air grave et solennel, et ajouta :

— Jérôme, écoutez-moi et parlons raison. Ça ne peut pas toujours durer ainsi. Vous vous promenez dans la lune, et moi je n'ai aucune espèce d'inclination pour ce météore. Si vous devez toujours circuler dans Paris, le nez en l'air, avec l'espoir que les perdreaux tomberont tout rôtis, *n*, *i*, *ni*, c'est fini, il n'y a plus de Malvina. Faites-en votre deuil et portez vos bottines ailleurs. Je ne vous dis que ça.

— Malvina, comme tu le prends !

— Je le prends comme il faut le prendre, mon petit. Mon bon Jérôme, ajouta-t-elle sur un ton plus radouci, n'est-ce pas pitié de voir qu'un garçon comme toi, bien bâti, plein de moyens, agréable au physique, n'a pas la chance de faire son petit magot, de se donner quelques jouissances, de s'amasser des rentes, tandis qu'on voit un tas de pleutres, d'ignorants et de pas grand'chose entasser des millions et des milliasses, devenir aussi riches que Louis-Philippe, avoir des calèches, des femmes en falbalas, des cochers à perruque et tout le bataclan? N'est-ce pas une honte, dis?

— Sans doute, mais...

— Il n'y a pas de mais; ça doit finir. Qu'est-ce qu'il te manque pour faire fortune comme les autres? voyons! tu as des pieds, tu as des mains, tu es savant, tu as fait des livres. Il ne te reste plus qu'à t'ingénier, mon garçon, qu'à te pousser de l'avant.

— Mon Dieu! Malvina, est-ce que je n'ai pas cherché à me rendre utile à mes semblables? Je leur ai parlé la langue des dieux, je leur ai apporté une religion nouvelle.

— Ne dis plus de ces bêtises, Jérôme : c'est bon pour des moutards de dix-huit mois. Nous sommes des hommes, raisonnons comme des hommes. Tu as vu le monsieur du premier?

— Tiens!!! tu le connais, Malvina?

— Je ne te demande pas si je le connais, ça ne te regarde pas; je te demande si tu l'as vu.

— Mais oui, dans l'escalier.

— Bonne boule, n'est-ce pas? figure respectable. Eh bien! il te protége, il veut te lancer.

— Dans quoi?

— C'est son secret; il veut te lancer; il t'a pris en affection; ton air lui revient.

— Mais encore faut-il savoir de quoi il s'agit.

— Il te l'expliquera, mon petit. Je lui ai promis que tu irais le voir. C'est joliment meublé chez lui.

— Tu y es donc entrée?

— De quoi! il faudra vous rendre des comptes, à

présent. Eh bien! excusez du peu. Vous irez chez le voisin, monsieur, et ça, pas plus tard que demain matin.

Qui aurait pu résister à ces manières si folles et si mutines? Je cédai, monsieur, je promis : on est bien faible, quand une fois on s'est laissé prendre dans des liens pareils. Une concession en amène une autre, et cette chaîne a d'interminables anneaux. Le jour suivant, je descendis chez M. Flouchippe, qui me reçut dans son cabinet.

Malvina avait eu raison de vanter le style de cet ameublement : c'était merveilleux, quoiqu'il y régnât un étalage de mauvais goût. On voyait que le propriétaire avait disposé les choses de manière à ce que l'œil fût frappé. L'argenterie était toute sur les dressoirs; les portières de damas étaient surchargées d'ornements en cuivre doré. Quoiqu'on découvrît beaucoup de clinquant parmi ces richesses, beaucoup d'affectation, l'ensemble n'en était pas moins magnifique, et sur des locataires des mansardes l'effet devait en être grand. Aussi fus-je ébloui comme l'avait été Malvina.

M. Flouchippe me reçut avec des façons de prince. Étendu sur un sofa, il était vêtu d'une robe de chambre en soie à ramages, retenue à la ceinture par une cordelière orange d'où pendaient des glands à fils d'or. Un bonnet à broderies d'or était négligemment posé sur sa tête, et il agitait dans ses doigts un binocle qu'il portait de temps en temps à ses yeux. Je trouvai ces manières souverainement impertinentes, mais j'étais engagé vis-à-vis de Malvina et je voulais faire preuve de bonne volonté. En attendant qu'il daignât m'adresser la parole, j'examinais mon prolecteur. Son œil noir, quoique assez bienveillant, prenait de temps à autre une expression sardonique : ses lèvres pincées indiquaient la finesse, et les airs de bonhomie que lui donnait un embonpoint précoce étaient rachetés par le sentiment général qui dominait dans sa physionomie. Malgré mon peu d'expérience, je compris que j'avais affaire à un homme fort rusé.

Le cabinet dans lequel je venais de pénétrer ne renfermait que peu de meubles : le sofa, quelques fauteuils, un bureau à cylindre, une bibliothèque garnie de magnifiques reliures, des étagères en acajou suffisaient pour le garnir. Quatre gravures, qui n'étaient ni des morceaux de prix, ni des épreuves de choix, tapissaient les murailles. On voyait que ce cabinet n'était ni celui d'un homme d'étude, ni celui d'un artiste, et peut-être l'aspect en eût-il été énigmatique si de larges cartons étiquetés n'eussent servi à dissiper les doutes et à préciser la destination du local. Les étiquettes étant tracées en fort grosses lettres, il me fut facile de lire, ici, *Chemin de fer de Brives-la-Gaillarde*; là, *Chrabonnages de Perlimpinpin*; plus loin, *la Villa-Viciosa, château en Espagne*, au prix de cinq francs le coupon et pour être tiré en loterie sous les yeux de la petite reine Isabelle; enfin, ailleurs, *papier de froment, fer de paille, pavage en caoutchouc*, etc., etc. Plus d'illusion, j'étais dans le cabinet de ce que l'on nomme vulgairement un homme d'affaires.

C'était le moment, monsieur, où ces industriels florissaient. La France était leur proie; ils disposaient de la fortune publique. Une sorte de vertige semblait avoir gagné toutes les têtes : la commandite régnait et gouvernait. A l'aide d'un fonds social, divisé par petits coupons, combinaison bien simple, comme vous le voyez, on parvint alors à extraire de l'argent de bourses qui ne s'étaient jamais ouvertes, à exercer une rafle générale sur les épargnes des pauvres gens. Tout était bon, tout était prétexte à commandite. On eût mis le Chimborazo en actions, que le Chimborazo eût trouvé des souscripteurs ; on l'eût coté à la Bourse. Quel temps! monsieur, quel temps! On a parlé de la fièvre du dernier siècle, et de l'agiotage de la rue Quincampoix. Notre époque a vu mieux. Quand Law vantait les merveilles du Mississipi, il comptait sur la distance ; mais ici, monsieur, c'était à nos portes mêmes qu'on faisait surgir des existences fabuleuses, des richesses imaginaires. Et que pensera-t-on de nous dans vingt ans, quand on dira que les dupes se précipitaient sur ces valeurs fictives, sans s'enquérir même si le gage existait?

Nous étions au fort de la crise. On venait d'improviser, par la grâce de la commandite, des chemins de fer, des mines de charbon, d'or, de mercure, de cuivre, des journaux, des métaux, mille inventions, mille créations toutes plus attrayantes les unes que les autres. Chacune d'elles devait donner des rentes inépuisables au moindre souscripteur : tout Français allait marcher cousu d'or ; les chaumières étaient à la veille de se changer en palais. Seulement il fallait se presser, car les coupons disparaissaient à vue d'œil : il n'y en avait pas assez pour tout le monde.

Je me trouvais donc devant l'un des souverains du moment, l'un des promoteurs de cette grande mystification industrielle. Certes, l'orgueil lui était permis, car il avait eu autant de puissance que Dieu. De rien il avait fait quelque chose : il avait donné une valeur au néant. Aussi le sentiment de sa puissance et de sa position se peignait-il sur son visage ; il était content de lui-même, il s'épanouissait. Enfin, il daigna jeter les yeux sur moi, et se souvint que j'étais là.

— Mon cher, me dit-il, excusez ma distraction ; je combinais une affaire. Quatre millions deux cent mille francs ; coupons, deux cents francs ; sous-coupons, cinquante francs. C'est cela ; ça doit marcher. Je suis à vous maintenant. Votre nom, s'il vous plaît ?

— Jérôme Paturot.

— Jérôme ! mauvais nom, s'écria-t-il ; trivial, sans couleur. Nous changerons cela : nous mettrons Napoléon Paturot.

— Mais, monsieur...

— Jeune homme, pas de mots perdus. Vous m'êtes recommandé comme un sujet docile, prêt à tout. Tâchez d'obéir et de signer ; le reste nous regarde.

Je compris que Malvina me livrait pieds et poings liés ; je dévorai l'outrage et me tus.

— C'est bien ; voilà que vous devenez raisonnable, ajouta-t-il. Nous ferons votre fortune, mon cher, comptez là-dessus.

— Monsieur, croyez bien..

— Voici la chose. La mine de charbon baisse, le chemin de fer est usé ; il n'y a plus que le bitume aujourd'hui. Le tour du bitume est arrivé. Napoléon, décidément, nous vous mettrons à la tête d'un bitume.

— Encore faut-il...
— Oui, Napoléon Paturot, je vous garde cela : on ne peut moins faire pour votre protectrice. Capital, six millions ; coupons, cinq cents francs ; sous-coupons, vingt-cinq francs. C'est parfait, c'est enlevé ; revenez me voir demain.

Je sortis stupéfait de cette entrevue.

IV.

SUITE DU CHAPITRE PRÉCÉDENT.

Après une courte pause, Jérôme reprit son récit :

J'eus beau m'en défendre, monsieur, m'insurger, me désespérer, trois jours après, comme l'avait dit mon protecteur industriel, j'étais à la tête d'un bitume. Malvina conspirait avec lui ; que vouliez-vous que je fisse contre deux ? je succombai. On m'installa dans un fort bel appartement, meublé à la hâte ; on me donna un caissier, deux commis, enfin tous les dehors d'une administration importante. On lança des circulaires, on rédigea des prospectus, et jugez de ma douleur lorsque, deux jours après, je lus ce qui suit dans tous les journaux de Paris :

MORT AUX BITUMES ARTIFICIELS !!!

Il n'y a de vrai et naturel que le

BITUME IMPÉRIAL DE MAROC,

Avec privilége de S. M. l'empereur de cette régence.

« Il y a bitume et bitume. On voit des bitumes qui se gercent, qui s'écaillent; on en voit qui se laissent dévorer par la pluie ou fendre par le soleil ; on en voit qui, au lieu de conserver leur niveau, mettent à nu sur-le-champ des aspérités, et forment une suite de vallées et de montagnes. Tout cela vient de ce que ces bitumes ne sont point un produit de la nature, mais simplement un résidu d'usines à gaz, saupoudré de sable de rivière. Marchez là-dessus, et vos talons de bottes vous en diront des nouvelles.

« La préparation de ces bitumes artificiels est l'objet de réclamations universelles. L'air en est vicié : les habitants des maisons voisines inondent leurs appartements de chlorure sans pouvoir se défendre de l'infection. Des fumées empestées remplissent les boulevards et menacent les passants d'asphyxie. Bref, pour parler avec tous les égards qui sont dus à ces compositions, c'est de la drogue.

« Aucun de ces inconvénients ne se retrouve dans le *Bitume impérial de Maroc*, bitume naturel, bitume dont l'origine se perd dans la nuit des temps. Hérodote en parle dans les termes les plus avantageux ; le Carthaginois Hannon en prit connaissance dans son premier voyage, et Léon l'Africain lui consacre un chapitre que l'on peut regarder comme un chef-d'œuvre en matière de stratification. Cependant ses propriétés essentielles étaient restées inappréciées jusqu'au moment où un accident singulier vint les révéler à l'univers. Voici le fait.

« Un bâtiment européen se trouvait en perdition sur les parages de Mogador, où sont situés les lacs de bitume. Une voie d'eau s'était ouverte à la hauteur de la flottaison. Or, il se trouve que, par l'action d'un feu souterrain, les bitumes de Maroc se mettent souvent en éruption ; ils y étaient alors, heureusement pour le navire en péril. Déjà le malheureux s'approchait de la côte, faisant eau de toutes parts, quand tout à coup on le voit se redresser, épuiser sa voie d'eau comme par enchantement et reprendre le large. On crie au phénomène : rien de plus naturel, pourtant. Une éruption bitumineuse l'avait sauvé. Lancé au loin, le bitume s'était attaché aux flancs entr'ouverts du bâtiment, les avait goudronnés, calfatés, retapés, conditionnés, mastiqués. C'était un rhabillage à neuf : le brick en question a pu faire le tour du monde.

« Voilà comment le *Bitume impérial de Maroc* s'est fait connaître. Depuis lors, toutes les expériences sont venues confirmer ses qualités agglutinantes et ses propriétés moléculaires. Aucun corps ne renferme plus de principes d'adhésion et de solidification. Un boulet de trente-six, coupé en deux, a été parfaitement recollé au moyen du bitume de Maroc ; ce boulet, aujourd'hui, sert comme les autres, et a renversé une muraille sans se disjoindre. Un minaret de Mogador menaçait ruine, on l'a ressoudé avec du bitume de Maroc : ce minaret peut aujourd'hui défier les âges. Sur les lieux mêmes, on emploie le bitume de Maroc comme mortier, comme mastic, comme ardoise, comme moellon, comme pierre de taille, comme brique, comme chaux, comme ciment, comme pouzzolane. On en fait des cuvettes, des meulières, des auges, des plats à barbe, des fontaines, des statues et jusqu'à des colonnes monumentales. Le bitume de Maroc est véritablement d'un emploi universel.

« Du reste, cet ingrédient, à l'opposé de ceux qui usurpent son nom, n'exhale aucune espèce d'odeur désagréable ; liquide, il rappelle le parfum des genêts qui croissent autour des lacs de Mogador ; solidifié, il est inodore au delà de toute expression.

« Ce merveilleux produit naturel serait encore enfoui dans les solitudes de l'Afrique, si un jeune ingénieur civil du plus haut mérite, M. Napoléon Paturot, n'eût résolu, au péril de ses jours, de doter sa patrie d'un bitume qui lui manquait. S'aidant du texte grec d'Hérodote et le complétant avec la version phénicienne du Périple d'Hannon, il est parvenu à retrouver des lacs qui semblaient perdus depuis l'éboulement de cette fabuleuse Atlantide, qui n'était qu'un promontoire avancé de la Mauritanie Tingitane. Honneur à M. Napoléon Paturot ! Il a plus fait pour son pays, dans un âge encore assez tendre, que d'autres arrivés au déclin de leur vie ; il a bien mérité des trottoirs et a ouvert aux bas-côtés des boulevards une nouvelle ère.

« Dans une audience qu'il a obtenue de S. M. l'empereur de Maroc, Muley XXXIV, M. Napoléon Paturot a obtenu de ce souverain le privilége exclusif, avec jouissance de dix-huit cents ans, de tout le bitume que peuvent produire ses États. La concession embrasse deux mille kilomètres carrés ; elle est sans restriction et sans limites. Un Marocain qui toucherait à ce produit, dont Muley XXXIV a fait le généreux abandon, recevrait la bastonnade sur la plante des pieds, et serait assis sur un pal à la récidive. C'est ainsi qu'au Maroc on inspire le respect de la propriété.

« Chimiste d'un ordre supérieur, M. Napoléon Paturot a dû analyser le bitume dont il voulait faire hommage à sa patrie. Cette analyse a prouvé qu'à la rigueur on pourrait extraire de l'argent et même de l'or de ce produit ; il contient, en outre, vingt-deux parties de silicate, trente et une de phosphate, quarante-trois d'oléine, sans compter les parties de platine qui y jouent un grand rôle. Dans un laboratoire attenant aux bureaux de l'administration, le jeune savant opérera la décomposition de tous ces éléments, à la volonté des actionnaires.

« Les suffrages des célébrités européennes ne pouvaient pas manquer au *Bitume impérial de Maroc*. M. de Buch, le plus grand géologue de l'Allemagne, y a reconnu un bitume de première formation. M. Ottfried n'y voulait voir qu'un produit tertiaire ; mais, sur un échantillon qui lui a été envoyé, il a déclaré, avec la franchise qui le caractérise, que son opinion se modifiait, et a assigné à ce bitume une origine antérieure encore à celle que lui attribuait M. de Buch. Est-il nécessaire, à côté de ces noms, de citer ceux de MM. Picksous de Berlin ; Godichson de Londres, Lazarilla de Madrid, et Compérano de Naples, sans compter les illustrations françaises qui composent le comité de surveillance, dont trois députés, et dix pairs de France, rappelés seulement pour mémoire ?

« Sans nul doute, M. Napoléon Paturot, cessionnaire de S. M. l'empereur de Maroc, aurait pu mettre seul à profit sa merveilleuse découverte. Il ne l'a pas voulu ; il a préféré associer ses concitoyens aux bénéfices de l'exploitation. Ces bénéfices seront immenses. La concession est inépuisable. On a calculé que les lacs de Mogador suffiraient pour daller en bitume l'Europe entière et toute la Russie asiatique. Sur les lieux, l'extraction se fait presque sans frais, et cet ingrédient étant, comme on l'a vu, bienfaisant pour les navires, il est à croire que le fret sera pour ainsi dire compensé par le séjour de la marchandise à bord. Aucun autre article ne possède cette propriété et ne jouirait de cet avantage.

« Les évaluations les plus discrètes portent à trois cents le nombre des bâtiments qui pourront aller chaque année prendre un chargement complet de bitume. En estimant la moyenne de ces bâtiments à trois cents tonneaux, on a un total de quatre-vingt-dix mille tonneaux. Maintenant quel sera le profit ? Des hommes graves, vieillis dans le commerce et qui ne se payent pas d'illusions, n'hésiteraient pas à le porter au delà de trois cents francs le tonneau. N'admettons pas cette donnée ; faisons la part des éventualités, des dépenses imprévues, des mécomptes de tout genre : n'élevons pas au-dessus de cent francs par tonneau le bénéfice présumé.

« Alors il reste un calcul à faire.

« Cent francs multipliés par quatre-vingt-dix mille tonneaux font une recette de neuf millions. Le capital social est de six millions. Les actionnaires seront donc intégralement remboursés dans le cours de la première année, et auront en outre trois millions à se partager.

« S. M. l'empereur de Maroc, Muley XXXIV, a souscrit pour mille actions.

« L'Allemagne a demandé qu'on lui réservât cinq cents actions, l'Angleterre six cents, les deux Péninsules trois cents, la Russie quatre cents, les États barbaresques deux cents.

« Il ne me reste plus que huit cents actions à placer en France. Le comité de surveillance en prend la moitié.

« M. Napoléon Paturot est prêt à donner aux personnes qui désireront de plus amples renseignements toutes les explications nécessaires. Dans son dernier voyage au Maroc, il a fait dresser le plan cadrastral des territoires compris dans la concession. Les lacs de bitume y sont figurés à l'*aqua-tinta*, et la profondeur en est indiquée.

« Chaque actionnaire a droit à un échantillon de bitume et à cinq mètres carrés de trottoir.

« Prochainement un essai sera fait rue de la Paix : le gérant est en instance auprès du préfet de police pour obtenir l'autorisation nécessaire.

« S'adresser rue   , n°

CAPITAL : SIX MILLIONS.

ACTIONS : MILLE FRANCS.

Coupons : cinq cents francs. — Sous-coupons : vingt-cinq francs.

« Le gérant, NAPOLÉON PATUROT. »

Voilà ce que je lus dans un journal, monsieur; voilà ce qui circulait sous mon nom, avec ma signature, sous ma responsabilité. La foudre tombant à mes côtés ne m'aurait pas glacé de plus d'effroi que ne le fit la lecture de cette pièce infernale.

Monsieur, dans mon enfance, je n'avais eu autour de moi que de bons exemples, que de saines et pieuses leçons. Mon père était un de ces hommes austères que la loi du devoir enchaîne à la pauvreté. Simple et faisant le bien, il avait traversé la vie sans éclat, mais non sans honneur : le nom qu'il me léguait avait la pureté du diamant. Ma mère, digne femme, n'avait eu, dans sa courte carrière, qu'une seule ambition, celle de faire de moi un homme religieux et honnête. C'était le tourment de sa pensée et l'objet de ses prières. Le souvenir de mes premières années ne me retraçait donc que des tableaux pleins de sérénité et éclairés de cette douce auréole qui entoure les gens de bien. Jugez de quel œil je dus envisager la situation nouvelle qui m'était faite, le rôle odieux auquel on me vouait, la part effrayante que l'on m'attribuait dans une œuvre d'iniquité, d'escroquerie et de mensonge ! On avait surpris ma bonne foi, abusé de mon inexpérience. J'aurais voulu mourir de honte.

Je me trouvais sous le coup de cette impression quand M. Flouchippe entra dans le bureau avec un air de fatuité négligente, et, regardant autour de lui :

— Eh bien ! mon cher, vous devez être content, me dit-il. On vous a logé comme un prince... Mais il manque encore quelque chose à ce mobilier... On ne m'a pas compris... Il faut des divans ici, il faut des pipes turques. Que diable ! vous venez du Maroc !

Il faut que vous ayez des objets du Maroc... Couleur locale, ça en impose !

Au lieu de répondre à la pensée de cet homme et de me prêter à sa petite diversion, je m'étais placé en face de lui et je le regardais fixement, les bras croisés, résolu à provoquer une explication. Quand je vis qu'il biaisait, j'attaquai de front.

— Vous savez bien que je ne suis jamais allé dans le Maroc, lui dis-je.

Cette apostrophe directe parut le réveiller ; il me regarda avec un dédain protecteur.

— C'est juste, mon cher, vous n'êtes point allé au Maroc ; mais vous auriez pu y aller : cela suffit.

Ces paroles et le ton dont elles furent prononcées m'exaspérèrent. Je ne me contins plus ; j'éclatai.

— Monsieur, dis-je, cela peut suffire aux fripons, mais non aux honnêtes gens.

— Ah ! çà, répliqua-t-il, comment le prenez-vous, mon cher ? Vous êtes singulier, parole d'honneur ! On vous construit une réputation fabuleuse, on fait de vous un chimiste distingué, un savant, un géographe ; on vous ouvre le chemin de la postérité, on vous porte aux nues, on vous crée une position sociale, et vous n'êtes pas content ? Sur quelle herbe avez-vous donc marché ce matin ?

— Vous avez abusé de mon nom, monsieur : vous l'avez mis en scène d'une manière qui me compromet, qui révolte ma conscience.

— La conscience ! connais pas. Il fallait faire vos réflexions plus tôt, mon cher. Voilà tout ce que j'y vois.

— Moi, j'y vois autre chose, monsieur; j'y vois un démenti public à vous donner.

— Allons donc! pas de mauvaise plaisanterie.

— Je plaisante si peu, que je vais de ce pas porter ma déclaration à tous les journaux, dévoiler vos impostures, dénoncer vos bitumes comme chimériques...

— Vous ne le ferez pas.

— Je le ferai, et sur l'heure.

En même temps, je saisis vivement mon chapeau et m'apprêtai à sortir. Quand l'industriel vit ce mouvement et ne put douter de ma résolution, il changea de tactique, me prévint et quitta la place. Ce départ m'étonna, mais ne changea rien à mon dessein. Je descendis rapidement l'escalier, franchis la porte de la rue, et allais poursuivre mon chemin, quand je me trouvai en face de Malvina.

— Venez avec moi, Jérôme, me dit-elle, j'ai à vous parler.

Dans sa retraite, le Parthe m'avait lancé son javelot, et s'était replié sur le corps d'armée. C'était lui évidemment qui m'envoyait un tentateur! Mon premier mouvement fut de fuir : impossible. Malvina s'était emparée de mon bras, et, à moins d'un esclandre, il n'y avait pas moyen de se dérober à cette étreinte. Je la suivis, le cœur plein d'angoisse et comme une victime que l'on conduit au sacrificateur. Elle me ramena au logis, ferma la porte à clef, et là commença une explication des plus orageuses.

Je ne veux pas chercher à pallier mes torts, monsieur; mais, sur l'honneur, il se livra dans cette chambre un combat de douze heures, mêlé d'imprécations et de larmes, de violences et de prières comme il est donné à peu d'hommes d'en essuyer. J'essayai de prendre Malvina par les sentiments, je fis un appel à tout ce qu'il y avait en elle d'instincts honnêtes. Malheureusement cette fille, livrée à elle-même dès l'enfance, ne trouvait dans sa vie aventureuse rien qui pût se mettre à l'unisson de mes scrupules. A mes objections elle répondait par des quolibets et opposait des ricanements à mon cours de morale. Il fallut le prendre sur un ton plus impératif. Pour la première fois, je montrai de la résolution, de la fermeté. Elle se montra plus ferme, plus résolue que moi, m'accabla de sarcasmes, de reproches, de récriminations. Je m'oubliai alors, j'en vins aux injures, et, comme sa résistance ne cessait pas, j'usai de ma force, je méconnus ma dignité, je la battis... Hélas! monsieur, ce fut là ce qui me perdit. Les larmes, les sanglots arrivèrent. J'avais eu de la force contre la menace, je n'en eus pas contre la douleur. J'étais honteux de ma conduite ; je me crus obligé à une réparation, et cette réparation fut l'acquiescement à mon déshonneur. Je consentis à me taire.

Cependant je mis deux conditions à ce silence : la première était que je ne serais pas astreint à jouer le rôle effronté que me réservait le prospectus. Ce rôle, mon patron industriel s'en chargea, et il y avait en lui l'étoffe nécessaire pour le remplir d'une manière plus triomphante et plus fructueuse. La seconde condition fut que tous les versements seraient faits entre mes mains et que la clef de la caisse me serait remise. A ma grande surprise, cette clause fut acceptée. Je crus mon honneur à couvert. Dépositaire du fonds social, j'étais toujours le maître, à un moment donné, d'en faire la restitution aux actionnaires et de leur prouver ainsi que, même en trempant dans ces manœuvres, je n'avais agi qu'en vue de leurs intérêts.

Est-il maintenant nécessaire de vous dire ce qui survint? Cette histoire est celle de trente entreprises semblables. Quelques pauvres diables, attirés par l'appât d'un bénéfice exorbitant, éblouis par les amorces du prospectus, se hasardèrent à mettre les pieds dans les bureaux. Ils n'en sortirent qu'allégés de leurs billets de banque. On leur fit voir du bitume, on le décomposa devant eux, on étala les plans figuratifs de la concession, on déroula le parchemin aux armes de l'empereur de Maroc, où se trouvait tracé, en caractères arabes, le firman du privilége. Les ressources du charlatanisme le plus vulgaire ne furent pas négligées. Deux mulâtres, servant comme employés, passaient pour des dignitaires de S. M. Muley XXXIV; les commis avaient tous de longues pipes; on faisait asseoir les visiteurs sur des divans presque au niveau du sol; on leur offrait du café à l'orientale dans de petites tasses de la capacité d'une coquille de noix; bref, on faisait, suivant l'expression de M. Flouchippe, de la couleur locale.

Les dupes, heureusement, ne furent pas nombreuses. Cinquante mille francs environ furent pipés de cette manière. C'était loin des six millions, mais l'on ne s'attendait pas à une meilleure récolte. Cette somme reposait dans ma caisse, et j'espérais bien qu'elle n'en sortirait qu'à bonnes enseignes. A peine en avais-je distrait quelques centaines de francs pour payer les appointements des employés et les gages des domestiques. Je regardais le capital comme un dépôt, et, il faut le dire, mon patron n'avait jamais laissé percer l'intention d'y toucher. Cela dura ainsi quatre mois.

Un jour qu'une course assez longue m'avait retenu pendant quelques heures loin de nos bureaux, je fus étonné, en y rentrant, de trouver le local désert. Employés et serviteurs, tout s'était éclipsé. A cette vue, l'idée d'une immense mystification me saisit ; je vis comme un gouffre ouvert sous mes pas. Par un mouvement instinctif, je portai la main à la poche où je tenais la clef de ma caisse ; cette clef y était ; cela me rassura un peu. J'examinai le coffre ; aucune trace de violence ne s'y laissait voir ; je l'ouvris. Monsieur, il était vide !!! Le misérable en avait une double clef.

Éperdu, désespéré, je m'élançai vers ma chambre avec le pressentiment d'un nouveau malheur. J'appelai, je cherchai dans tous les sens, dans tous les coins : personne, personne. Elle aussi, Malvina avait disparu.

Tant de secousses me vainquirent ; un nuage passa devant mes yeux ; mon cœur battait au point que je crus qu'il allait se rompre, les oreilles me sifflaient, tous les objets tourbillonnaient autour de moi, je tombai comme un homme ivre et m'évanouis.

V.

PATUROT JOURNALISTE.

J'ignore, poursuivit Jérôme, combien de temps dura mon évanouissement et ce qui eut lieu pendant cet intervalle. A peine me reste-t-il un souvenir confus du moment où je revins à moi. Ma première sensation fut celle d'une lassitude générale, d'une prostration complète. Mes membres étaient brisés comme à la suite d'un exercice violent; une douleur aiguë me parcourait la tête et l'étreignait avec la force d'un crampon de fer. Mon bras gauche, comprimé par un bandage, était engourdi au point que j'essayai en vain de faire jouer les phalanges de la main. A plusieurs reprises, je voulus ouvrir les yeux, mais les muscles ne servaient plus ma volonté. On eût dit que mes paupières étaient de plomb, que la mort les avait scellées. L'ouïe seule recouvrait peu à peu ses fonctions. On parlait à mes côtés, et les sons, qui ne m'arrivaient d'abord que comme un vague bourdonnement, prirent à la longue un sens plus précis, une signification plus nette.

— Mademoiselle, ne vous inquiétez pas, disait-on, la syncope touche à sa fin. Le pouls se rétablit, le masque s'anime.

— Carabin, répliquait une voix de femme, parlez-moi avec la franchise de votre âge. Je veux sauver mon Jérôme, voyez-vous. Si vous n'êtes pas de force, avouez-le sans tortiller. J'irai chercher M. Dupuytren, s'il le faut. Il en coûtera ce qu'il en coûtera.

Malgré l'état de demi-léthargie où je me trouvais, la voix qui parlait ainsi me frappa : il me semblait qu'elle m'était familière. Je redoublai d'attention.

— Finissez, carabin, point de ces manières. Soyons à notre malade, monsieur.

— Il n'y a plus rien à faire, mademoiselle. Trois saignées coup sur coup; Bouillaud ne l'eût pas mieux traité.

— Non : c'est que peut-être vous regardez à la dépense. Pas de ça, carabin. On mettra tout en plan plutôt que de refuser un médicament quelconque à ce pauvre chéri. Ça serait un cataplasme de poudre d'or qu'on le lui passerait tout de même. Allez toujours : il y a crédit illimité chez le pharmacien.

— C'est inutile : le pouls continue à se relever ; le malade va reprendre connaissance. La lancette ! la lancette ! Il n'y a rien de tel, ma belle enfant.

— Possible, mais à bas les pattes.

Pendant cette conversation, le sentiment de ma position m'était graduellement revenu. Ce son de voix me rattachait au passé avec une telle puissance que mes idées s'éclaircirent par degrés, et que ma mémoire se ranima. Vaguement je comprenais que Malvina n'était pas loin, qu'elle m'était revenue, qu'elle veillait sur moi. Cependant je n'osais pas me livrer à cette pensée : je craignais que ce ne fût un rêve, une illusion de malade. Il fallut, pour me convaincre, que la vue vînt confirmer le témoignage de l'ouïe. En entr'ouvrant les yeux, je l'aperçus qui se défendait avec résolution contre les familiarités d'un jeune homme. Plus de doute, c'était elle ; il n'y avait pas à s'y tromper. Je jetai un cri :

— Malvina !

Elle ne fit qu'un bond jusqu'à mon lit :

— Tiens ! tiens ! tiens ! le voilà qui revient sur l'eau, cet agneau adoré. Enfin !!! ça n'est pas malheureux ! Carabin, cette cure vous fera honneur.

Le jeune homme s'approcha et me tâta le pouls ; je vis que j'avais affaire à un docteur imberbe, joli cavalier d'ailleurs, et d'une heureuse physionomie.

— C'est un voisin, dit Malvina ; mansarde en face ; septième au-dessus de l'entresol ; garçon plein de moyens, mais entreprenant auprès des femmes. Tu as bien fait de ressusciter.

— Ah çà ! et toi, comment es-tu ici ? lui dis-je.

— Je te conterai cela quand tu seras sur pied, reprit-elle en faisant une pirouette. Le carabin a recommandé le silence. Bois un verre de tisane et ferme l'œil là-dessus : c'est tout ce qu'on peut te permettre.

Je fis ce qu'elle voulut : à peine m'en restait-il la force. Le jeune praticien donna encore quelques instructions, et s'en alla en promettant de revenir. Il y avait à craindre que la fièvre ne se déclarât après une aussi rude secousse. Elle vint, en effet, et avec une grande violence. Pendant huit jours et huit nuits, Malvina ne quitta pas le chevet de mon lit, épiant mes moindres mouvements, surveillant mon délire, essuyant la sueur qui me baignait le visage. Le cerveau était pris, et le mal me jetait tantôt dans une agitation extrême, tantôt dans un assoupissement profond. Le bitume du Maroc jouait un grand rôle dans mes rêves; il m'apparaissait sous toutes les formes, avec mille prestiges; il se changeait en palais, en monuments, en cathédrales; il réalisait les merveilles du prospectus. L'odieuse figure de mon escroc était l'accompagnement obligé de ces visions qui m'inondaient le cœur d'amertume et d'angoisse. Cela dura ainsi pendant plus d'une semaine, et Malvina se montra héroïque de dévouement. Elle supporta sans faiblir le spectacle de cette lutte douloureuse où la puissance de la jeunesse balançait seule les progrès de la destruction. Je lui dus la vie, monsieur : ses soins me sauvèrent. A la suite d'une dernière crise, la fièvre tomba. J'étais hors de danger.

Durant les premiers jours de ma convalescence, il me revint que j'avais une énigme à éclaircir. Comment expliquer l'absence et le retour de Malvina? C'était, monsieur, un abîme d'iniquité que la pauvre fille ne me dévoila que plus tard.

— Vois-tu, mon petit, me dit-elle, il y a de quoi donner cent trente pulsations à la minute. Figure-toi que, le matin de son départ, ce monstre de Flouchippe me propose d'aller te rejoindre à Bercy pour y manger en commun une matelote. — C'est bien, que je dis, puisque Jérôme en est, j'ai mon chaperon, j'accepte; ça me va. Il me fait monter dans un fiacre, et nous roulons. Quand nous sommes à Bercy, rien de plus étonné que moi de voir le sapin gagner la campagne, toujours sous prétexte de matelote. Cela me donne à réfléchir, mais je dissimule afin de vérifier jusqu'où mon drôle poussera l'audace. Nous passons Conflans, Charenton : très-bien; c'est un peu fort de matelote, mais ça commence à devenir curieux. Maintenant voici le superlatif : à demi-lieue plus loin, le fiacre s'arrête en pleine route. Qu'est-ce que je vois en fait de matelote, mon petit ? Une berline, rien que ça, avec deux postillons et quatre chevaux blancs. Excusez du peu ! Je cherche des yeux le milord à qui appartient cet équipage : le milord, c'est Flouchippe. Il abaisse le marchepied et me prend par la main pour m'insérer dans le carrosse, exactement comme dans *M. Dupont*, de Paul de Kock. — Ça prend couleur, que je me pense ; voyons où il veut en venir. Au fait, il ne me dévorera pas ; et s'il s'écarte des lois de la civilité, je me mettrai sous la protection de la gendarmerie. Je me risque donc, je monte dans la berline, une voiture très-bon genre, très-cossue, faut rendre justice à ce misérable. — Clic ! clac ! fouette, postillon ; on part. Comme dans *la Laitière de Montfermeil*, tu sais ? C'était le moment de demander une explication : — Eh bien, et c'te matelote ? lui dis-je. Il se met à rire. — Vous allez tout savoir, qu'il me répond. Alors ce monstre d'homme commence à me raconter comme quoi il a fait sauter la grenouille de la société, et comme quoi il veut m'escamoter par la même occasion. Tu devines si je bondis d'horreur à cette déclaration. — Ah çà ! lui dis-je, mais vous êtes donc un particulier dépourvu de toute espèce de délicatesse ? — Malvina, calmez-vous ! Un vrai Cosaque, un forban, un Papavoine, un goujat ? — Malvina ! — Postillon, ouvrez la portière ; je veux aller faire ma déclaration au juge de paix le plus voisin. Allons, Malvina. — N'approchez pas, scélérat ! ou je fais un événement. Postillon ! postillon ! arrêtez! — Quand ce chenapan vit que je le prenais sur ce ton, et que je crierais jusqu'à extinction de chaleur naturelle, il réfléchit qu'il fallait avant tout sauver la caisse. Il fit arrêter la berline et m'aida à descendre; puis, sans me dire seulement bonjour, il repartit au grandissime galop. Vieux pandour, va! J'étais fraîche! à 22 kilomètres de Paris et en brodequins gris-perle! Enfin, je rencontre un coucou et je me tire d'affaire. Voilà l'histoire, mon petit; c'est tout un roman, n'est-ce pas? On ne me prendra plus à courir après des matelotes.

Ainsi, toutes les circonstances de mon malheur étaient éclaircies : l'escroc avait fui à l'étranger et se trouvait dès lors à l'abri des poursuites. Je restais seul sous le coup de la responsabilité qu'il m'avait perfidement créée. L'avenir se présentait à moi sous les couleurs les plus sombres. Au lieu d'avancer, je reculais ; loin d'atteindre à une position sociale, je voyais les obstacles surgir de toutes parts. Qu'est ce donc qu'une vie, monsieur, dont les abords sont si difficiles et où les plus belles années se consument dans l'impuissance et dans le tâtonnement? Que faire? qu'essayer encore? Je me laissais aller au découragement et à la tristesse. L'existence me pesait, je regrettais parfois que la maladie m'eût épargné. Malvina cherchait bien à me distraire, mais la mélancolie était la plus forte. Notre jeune docteur devait seul achever ma guérison. Il faut vous dire que nous nous étions étroitement liés. Il se nommait Saint-Ernest; il venait de prendre ses grades. Gai, ouvert, résolu, ce garçon n'était jamais à bout d'expédients. Il aimait Malvina à cause de sa gaieté, et

moi comme son premier malade. Des habitudes de
familiarité s'étaient déjà établies entre nous. — Tu
m'appartiens, Jérôme, me disait-il souvent ; si tu ne
meurs pas de mon fait, je serai volé.

Évidemment j'avais alors besoin d'une diversion,
et les impressions du passé ne pouvaient céder qu'à
une préoccupation nouvelle. C'est là ce que Saint-
Ernest voulait amener, et le topique souverain qui
devait couronner sa cure. Malvina se mettait en quête
de son côté. On s'adressa aux bureaux de placement,
qui n'eurent à offrir qu'un poste de teneur de livres
chez un fabricant d'allumettes chimiques ; encore
demandait-on un cautionnement de cent écus et cinquante francs pour les honoraires de l'agence. Un
frotteur, un garçon de caisse auraient trouvé de l'emploi dans les vingt-quatre heures ; mais un jeune
homme littéraire, un poëte, un socialiste, ne pouvait
parvenir à se rendre utile et à s'occuper. Évidemment l'équilibre des fonctions n'est pas, dans notre
monde, ce qu'il devrait être. Les éducations d'élite
sont celles qui aboutissent avec le plus de difficulté.
L'instrument sert d'autant moins qu'il semble ac-
quérir plus de puissance. Cela tient à ce fatal usage
des distinctions et des catégories que toute société,
même démocratique, a jusqu'ici maintenu. On s'ob-
stine à considérer de certaines professions comme dignes et honorables par-dessus les autres, et le plus
grand nombre s'y précipite. Qu'en résulte-t-il ? qu'on
s'y étouffe et que, pour se tirer d'affaire, on abaisse,
on dégrade la profession. Dites donc, une fois pour
toutes, que c'est l'homme qui honore la fonction, et
qu'un bon ouvrier rend plus de services à la société

qu'un méchant écrivain. Alors vous serez dans le vrai, et l'équilibre dans les diverses carrières se rétablira de lui-même. Le bel avantage, vraiment, que celui d'avoir une foule inquiète de postulants pour des places déjà prises : écrivains sans éditeur, avocats sans clients, médecins sans malades, ingénieurs sans emploi, artistes sans commandes, population improductive, presque parasite, que les atteintes de la misère ne guérissent pas toujours des inspirations de l'orgueil!

J'étais destiné à vivre longtemps de cette vie, monsieur, tant les illusions sont opiniâtres quand on est jeune. Il fallait plus d'une leçon avant que j'eusse un sentiment plus vrai des réalités et des notions plus saines sur les choses de ce monde. Les échecs me rendaient bien accessible à la réflexion, mais, au premier appel, je me mettais de nouveau en route vers des conquêtes fantastiques. Un jour, Saint-Ernest arriva radieux dans notre mansarde : jamais je ne lui avais vu le teint plus animé, la physionomie plus triomphante. — Mes amis, dit-il, je tiens l'instrument de notre fortune. Nous allons tous nager dans l'or. Un homme de finance, dont je soigne le palefrenier, a une intrigue de cœur dans les coulisses de l'Opéra. Il veut fonder un journal pour soutenir sa protégée contre un directeur tyrannique et libertin. C'est la cause des opprimés; je me suis offert pour la défendre. Voilà ton affaire, Jérôme; tu es un homme de style, tu feras tes preuves. Un journal d'ailleurs, c'est une arme, c'est une chaire, c'est une tribune, c'est un quatrième pouvoir. Enfin, nous pourrons lui dire son fait, à cette société qui méconnaît des êtres de notre valeur ; elle n'a qu'à bien se tenir, nous lui ferons une rude guerre.

L'exaltation de Saint-Ernest était si grande, que, pendant vingt minutes au moins, je ne pus parvenir à placer un mot. Cependant, lorsque ce volcan de paroles se fut refroidi, j'essayai quelques objections. Le but était louable, lui disais-je ; mais le point de départ l'était-il ? Nous convenait-il de servir les amours financiers de ce Jupiter et de nous faire les champions de sa Danaé ? Le jeune docteur avait réponse à tout ; il trouvait mes scrupules puérils, ridicules ; Malvina ajoutait à ces épithètes celle de stupide : j'étais battu des deux côtés.

— Ne soyons point si casuistes, Jérôme, ajoutait mon ami. L'intention purifie tout. Mademoiselle Fifine est une danseuse fort agréable ; on peut faire son éloge sans offenser Terpsichore. D'ailleurs, est-ce là notre affaire, à nous ? Il nous fallait un levier, nous allons l'avoir. Nous ne serons plus alors des individualités obscures, sans importance...

— Des gringalets, disait Malvina en appuyant.

— Nous serons des puissances, il faudra compter avec nous. Cela nous assure une position.

— Et des loges aux théâtres, continuait ma fleuriste, que le côté positif dominait toujours.

Je me rendis, et cette fois avec joie, il faut l'avouer. Cette position de journaliste était un de mes rêves, je l'avais toujours enviée. Établir entre sa pensée et la pensée de tous une communication quotidienne ; s'inspirer de l'opinion publique pour la résumer et l'exprimer ; se faire l'écho des sentiments élevés et des plaintes justes ; surveiller le mouvement politique, littéraire, économique d'un pays ; ne rien laisser d'inexploré dans le domaine des arts, dans la sphère des institutions, dans la région des faits comme dans celle de la pensée ; s'emparer de tout un monde de lecteurs, tantôt par la raison, tantôt par l'esprit, un jour par le drame, l'autre jour par l'attrait comique ; embrasser le globe entier et en retracer la vie heure par heure, n'y a-t-il pas là de quoi tenter l'ambition d'un homme, si vaste qu'elle soit? et quand ce programme ne devrait être suivi que d'une réalisation incomplète, n'est-il pas beau, séduisant, glorieux, d'oser l'envisager sans faiblir, et de se le proposer comme idéal? Pour moi, je fus subjugué, et je souscrivis à tout ce que voulut Saint-Ernest.

Malheureusement, mes embarras n'étaient pas finis. Comme gérant de la société du bitume de Maroc, j'étais en butte à une foule de poursuites. Chaque jour il tombait une feuille de papier timbré chez le portier, à mon intention et à mon adresse. Elles se ressemblaient toutes par une teneur cruellement uniforme :

« *Pour se voir, ledit Napoléon Paturot, auxdits*
« *noms, condamner au remboursement de la somme*
« *versée dans ladite société par ledit demandeur, non*
« *compris les intérêts, arrérages, dommages-intérêts légitimement dus, et sans préjudice des peines*
« *correctionnelles encourues aux termes de l'art. 405*
« *du Code pénal.* »

J'allais être traduit en justice, me voir flétri par un jugement, tandis que le misérable qui avait emporté le fonds social menait grande vie à l'étranger. C'était une triste perspective. Je m'ouvris à Saint-Ernest, qui m'aboucha avec un jeune stagiaire nommé Valmont, notre futur collaborateur au journal en projet. Valmont avait de l'activité, du liant. Il alla voir les actionnaires, leur exposa ma situation, fit valoir ma bonne foi, ma jeunesse, retraça les déplorables circonstances de cette affaire. Parmi ces hommes, il en est qui furent accommodants; mais d'autres se montrèrent moins traitables. Croiriez-vous, monsieur, que l'un d'eux exigeait non-seulement un remboursement intégral, mais encore les bénéfices présumés de l'exploitation? Valmont parvint à modérer ces prétentions excessives, et, par une transaction, il obtint que moyennant dix mille francs de dividende cette affaire serait assoupie.

Dix mille francs, c'était raisonnable; ma première école valait bien cela; mais où les trouver? Le temps pressait : un délai de dix jours me séparait à peine de celui de l'audience. Je pris un parti désespéré : j'allai voir mon oncle le bonnetier, et, les larmes dans les yeux, je lui racontai tout. Le brave homme me fit d'abord un accueil sévère; mais, quand il vit ma douleur, cette glace se fondit.

— Jérôme, dit-il, ce n'est pas dix mille francs qu'il te faut, mais cinquante mille. Les Paturot n'ont jamais demandé grâce à personne. Ce qu'on doit, il faut le payer. A ma mort, tu trouveras cela de moins. Donne-moi tes papiers, je me charge de l'affaire.

— Mon bon oncle!

— Maintenant, veux-tu que j'y ajoute un conseil? Tu bats une mauvaise marche : ta vanité te perdra. Tu as ici le pain et le couteau pour faire ta fortune.

Le commerce est sûr, la maison ancienne, bien famée, l'achalandage excellent. Quoique vieux, je tiens tête à la besogne, mais pour toi seul. Tu es le fils de mon frère, le dernier qui reste de notre nom. Je mourrai à la peine, mais j'aurai rempli mon devoir jusqu'au bout.

Le digne parent s'arrêta là ; je vis bien qu'il n'osait pas conclure, et que, par délicatesse, il me laissait le soin d'achever sa pensée. Hélas! je résistai encore : à la vue des bonnets de coton, ma répugnance instinctive, presque nerveuse, était revenue. D'ailleurs, j'avais alors en perspective une carrière qui me promettait quelque gloire. L'idée de rendre mon oncle fier de mes succès, de faire rejaillir un peu d'éclat sur cet humble nom de Paturot, me remplissait tout entier. Aussi pris-je un ton solennel pour répondre.

— Père Paturot, lui dis-je, je ne vous demande que six mois, et vous aurez de mes nouvelles. Si ça ne tourne pas alors comme vous l'entendez, la brebis rentrera au bercail.

— Et ce jour-là nous tuerons le veau gras, me répondit le brave homme. Tâche que ce soit de mon vivant, Jérôme.

VI.

SUITE DU CHAPITRE PRÉCÉDENT.

En nous initiant à son projet (c'est Jérôme qui continue à parler), l'ami Saint-Ernest en avait un peu exagéré l'importance. Avec les lois qui régissent la presse, la fondation d'une feuille quotidienne n'est pas une bagatelle, même pour un banquier amoureux. Il s'agit de cent mille francs de cautionnement, de frais de timbre et de poste, et d'une foule de dépenses accessoires. Aucune fantaisie n'est plus coûteuse que celle-là; les meutes, les chevaux de race ne mènent pas plus rondement une fortune. Notre financier calculait trop bien pour l'ignorer, et tenait trop à sa caisse pour y pratiquer une brèche irréparable. Il consentait donc à faire un sacrifice en faveur de Terpsichore, mais il avait le soin de le limiter. Il ouvrait un crédit aux rancunes de sa déesse, mais la vengeance était à prix fixe : elle ne devait pas dépasser douze billets de banque.

Douze mille francs pour fonder un journal, c'était un mince denier; il fallait pourtant s'en contenter. Le comité de rédaction s'assembla. Outre Saint-Ernest et moi, il comprenait Valmont le stagiaire et un jeune publiciste de ses amis qui apportait, comme titres, quatre articles refusés aux feuilles littéraires alors en vogue. Malvina avait voix consultative. Les plus vastes questions furent agitées dans cette première séance. On y parla du gouvernement, du ministère, du préfet de police, du directeur de l'Opéra et même de l'Être suprême. Chacun opina à son tour sur ces points délicats, qui donnèrent lieu à de graves dissidences. Cela s'appelait constituer l'unité du journal. Toutefois, ce n'était que le moindre embarras. Quelle allait être la périodicité de la feuille, son titre, son format, son prix? Voilà ce qu'il importait de décider. La majorité voulait un organe quotidien, politique, et de grande dimension. Valmont, en garçon réfléchi, l'arrêta à temps; il rappela le texte de la loi, parla du cautionnement, et ramena les choses sur leur vrai terrain. Enfin, après beaucoup de divagations, il fut reconnu que l'on devait se contenter du rôle le plus humble et du rang le plus modeste. On fixa le titre : L'ASPIC, *journal littéraire, paraissant* QUELQUEFOIS. La politique pouvait y être abordée, mais avec des noms supposés et sous des formes allégoriques. A l'unanimité, le comité, en se séparant, me confia la rédaction en chef. Saint Ernest devait tenir la caisse, Malvina le registre d'abonnements, ce qui se trouva être une véritable sinécure.

Le spécimen de *l'Aspic* fut une grande affaire. Chacun de nous voulait y lancer son mot, s'y dessiner carrément, y marquer sa place. Le plus exigeant était Max, ce jeune publiciste qui avait eu quatre articles tués sous lui. Il appartenait à la famille des prosateurs chevelus et intarissables. L'espace n'était rien pour sa plume; le premier jour, il apporta de quoi remplir dix numéros. J'eus toutes les peines du monde à le rappeler à des proportions plus discrètes. Saint-Ernest fit un article sur Valmont, Valmont fit un article sur Saint-Ernest : l'un était présenté comme le type du parfait avocat, l'autre comme le médecin modèle. J'y ajoutai un sonnet sur mademoiselle Fifine et une ou deux pochades contre le directeur barbare et indélicat. Avec quelques épigrammes sous la rubrique de *Piqûres* et une chronique de théâtres, *l'Aspic* eut de quoi faire son entrée dans le monde. On le tira à mille exemplaires, et on le distribua généreusement dans tout Paris.

Quand je mis le pied dans la rue, le lendemain, il me sembla que j'étais l'objet de l'attention universelle. J'avais signé la feuille comme rédacteur en chef, et je me voyais mêlé à la sensation profonde qu'elle devait occasionner. Il était impossible que mon nom ne fût pas dans toutes les bouches et ne fournît pas matière à mille commentaires. Cette pensée me grandissait de six pouces. Tout regard de passant, même le plus distrait, me paraissait ou une approbation ou une ironie; je soignais ma marche, je composais mon maintien comme un homme qui pose. A travers les vitres des cafés et des cabinets de lecture, je cherchais à m'assurer si *l'Aspic* était en main et si les habitués se l'arrachaient. Je croyais reconnaître le format, la vignette de notre feuille, et mon cœur s'épanouissait à l'idée d'un succès fabuleux. Dans le bureau du journal, ce succès ne faisait plus question. J'y trouvai la rédaction entière réunie.

— Quel numéro renversant! s'écriait Max, le prosateur chevelu. Comme c'est écrit! comme c'est touché!

— Voilà enfin un journal! ajoutait Saint-Ernest. Il faut avouer que Valmont est une bien agréable plume.

— Après toi, Saint-Ernest, répliquait Valmont. Tu as dans le style on ne saurait dire quel moelleux, quelle grâce, quel flou.

— Et vous oubliez notre rédacteur en chef! reprenait Max. En voilà un qui est destiné à faire révolution dans la périodicité littéraire. Il y a en lui la grâce de Jean-Paul unie à la finesse de Sterne : *Ti-*

tania et *Corporal Trim* fondus ensemble. C'est un Lackiste par l'expression, un Hegéliste par la pensée. Admirez la conclusion de son sonnet :

> Oui, vous avez un port de reine : enfin,
> Pour tout vous dire, adorable Fifine,
> Avec votre peau blanche, avec votre *dos fin*,
> Vous méritiez d'être *Dauphine*.

— C'est délirant, s'écria la rédaction à la ronde. Si l'on peut soutenir ce ton-là, on aura vingt mille abonnés avant six semaines.

J'entrai au moment où cet enthousiasme était dans son plus vif paroxysme. On se proposait d'user de la belle position que venait de prendre *l'Aspic* pour réduire tout en poussière et faire capituler le gouvernement. Max assurait que quatre articles de lui amèneraient le ministère à composition. Saint-Ernest voulait que le directeur de l'Opéra vînt demander grâce sous vingt-quatre heures. Valmont lui-même se défendait mal de cet entraînement général, et semblait convenir que le journal était appelé à de hautes destinées. Nous nous enivrions ainsi de nos propres espérances et de nos mutuels éloges. Comment aurais-je pu résister, moi si accessible à toutes les illusions? Malvina seule, avec son inébranlable bon sens, attendait, pour prendre parti, que des preuves matérielles fussent venues confirmer le succès. Armée de son registre, elle attendait de pied ferme ces *amours d'abonnés*, comme elle les appelait dans sa langue pittoresque.

Les abonnés ne vinrent pas, mais la rédaction ne s'en émut guère. Elle vit là-dedans une intrigue profonde et un machiavélisme de la part des cafés et cabinets de lecture. L'*Aspic* paraissait de temps en temps, comme il s'y était engagé; mais il disparaissait encore plus vite. On ne le voyait nulle part; impossible de mettre la main dessus. Aux yeux des rédacteurs, la police n'était pas étrangère à cette éclipse; ils l'accusaient de suborner les porteurs et de traquer dans les lieux publics les numéros de la redoutable feuille. Pour conjurer ces manœuvres de l'autorité, on eut recours à divers expédients. Par exemple, toutes les fois que j'entrais avec Malvina dans un café, infailliblement il s'y passait la scène suivante :

— Garçon, l'*Aspic*, disait la fleuriste.

— L'as de pique? on ne joue pas aux cartes ici, répondait d'un air impassible le préposé aux orgeats et aux limonades.

— C'est l'*Aspic* qu'on vous demande, garçon, un journal très-bon genre, ajoutait Malvina en insistant.

— Alors, connais pas.

— Comment! on ne reçoit pas l'*Aspic*, le premier journal de Paris! mais c'est donc une baraque que cette maison? un vrai café borgne?

— Madame désire peut-être le *Charivari*, le *Corsaire*, le *Droit*, la *Gazette des Tribunaux?*

— Un beau venez-y-voir! C'est l'*Aspic* qu'on veut, garçon, et rien que l'*Aspic*. Levez-vous, Jérôme; je n'aime à consommer que dans les bons coins. Un établissement qui se respecte doit avoir l'*Aspic* sur ses tables. Sortons.

La même comédie pouvait se renouveler dix fois

dans une soirée. Malvina y apportait un aplomb, un sang-froid merveilleux. Elle avait l'instinct des petites ressources et des moyens de détail. Ainsi, sur-le-champ, elle s'était mise en relation avec mademoiselle Fifine, la danseuse, et, par son intermédiaire, elle entretenait le dévouement du banquier, afin qu'il ne cessât point d'avoir, comme elle disait, *le cœur à la poche*. On avait le soin de faire lire au Mondor les articles de chorégraphie transcendante où le talent de sa sylphide était analysé jusque dans les moindres articulations. L'éloge d'un pas de trois, lancé à propos, amenait un nouveau sacrifice, et la perspective d'un premier rôle tenait en haleine la générosité du protecteur.

Malvina était d'ailleurs une si précieuse amie! Dans les représentations essentielles, elle arrivait, chargée d'un bouquet énorme, qui tombait du cintre, à un instant donné, aux pieds mêmes de la danseuse. Il fallait voir ensuite quelle artillerie d'applaudissements, quel feu, quel intarissable enthousiasme! Malvina remplissait la salle de son admiration; elle *allumait*, pour employer le mot technique, avec un bonheur particulier.

— On ne danse plus comme ça! s'écriait-elle en se renversant dans le fond de la loge. Est-ce battu, ces entrechats! Est-ce tricoté! Elles peuvent y venir les autres, avec leurs jarrets de coton! Ah! bien oui! un tas de bancroches qui intriguent pour avoir les premiers rôles! Si ça ne fait pas pitié! On voit assez qu'elles dansent pour l'agrément particulier du directeur. Bravo, Fifine! bravo! Voilà des petits battements un peu perlés, j'espère. Bravo, Fifine!

bravo, brava, bravissima! Comme c'est dansé! bravo !

Cette bienveillance de Malvina s'étendait du reste à tous les artistes abonnés de l'*Aspic*. Dans ses excursions au sein des coulisses, elle était parvenue à recueillir des souscripteurs qu'on eût vainement attendus dans les bureaux. Avec quel soin vigilant elle surveillait cette clientèle! quel dévouement elle lui montrait en toute occasion! Plus d'une fois, dans un théâtre lyrique, elle nous rappela à notre devoir en disant : Du silence, messieurs, c'est un abonné qui chante. Cette attention se retrouvait en toute chose. Elle recueillait les plaintes de son petit troupeau d'artistes et nous forçait d'en être les échos. Elle tenait constamment notre zèle en haleine. On négligeait trop celui-ci, on n'appuyait pas assez sur les qualités de celui-là. Les épithètes dont on se servait à leur égard étaient toujours trop froides, et, pour parler comme elle, on ne les *chauffait* pas suffisamment. Après deux mois d'exercice, nous finîmes tous par comprendre que notre véritable rédacteur en chef était Malvina. Nous tenions la plume, elle dictait.

Hélas! cela ne suffisait pas pour assurer à la feuille une existence sérieuse. L'abonné semblait devenir un être de raison, une ombre, une chimère. Les rédacteurs avaient beau épuiser les ressources de leur style, répandre sans compter toutes les perles de leur esprit; rien ne venait. On variait le ton; on allait du calembour jusqu'aux sommets de l'esthétique; on ne dédaignait ni le jeu de mots, ni le rébus, ni le logogriphe; on alliait le plaisant au sévère.

Peines perdues! l'univers ne s'ébranlait pas; le gouvernement poursuivait son chemin sans en paraître ému; le ministère tenait bon; le directeur de l'Opéra lui-même, ce satrape industriel, comme nous l'appelions, ne capitulait pas et se renfermait dans son dédain et dans sa cravate. A cela, nous trouvions bien des excuses : la vanité est si ingénieuse! Dans cet abandon, Max voyait la preuve chaque jour plus frappante de l'influence que l'*Aspic* exerçait; on le délaissait, donc on le craignait. Il en avait été question dans les plus hauts parages, et la conspiration du silence s'était organisée contre lui. Comment expliquer autrement cette unanimité négative, cette profonde indifférence? Comment croire que l'œuvre de quatre hommes de style pût rester ainsi méconnue, sans effet, sans retentissement? Évidemment, une énigme ténébreuse se cachait là-dessous.

Les illusions consolent, mais ne font pas vivre. Le banquier était arrivé à la limite de ses sacrifices, et il avait formellement déclaré qu'il ne les pousserait pas plus loin. L'œuvre commune allait s'évanouir comme une étoile filante. Tant de littérature aurait été prodiguée en vain. Malvina fit un nouvel effort; on put prolonger l'agonie de l'*Aspic* pendant trois numéros. Le ton y était celui du malheur, plus aigre, moins enthousiaste. Mademoiselle Fifine n'était plus une sylphide aussi incomparable; le directeur barbare y était ménagé. Subterfuge inutile! la danseuse pleura, mais le banquier resta inflexible : on avait épuisé le crédit; il tenait ses engagements avec une rigueur mathématique.

C'est dans de pareils moments que Saint-Ernest

se montrait admirable. Il cherchait les cas désespérés, les malades abandonnés de tout le monde, et l'*Aspic* était dans cette position.

— Mes amis, dit-il, j'ai un moyen de sauver notre feuille ; le voici. Je ne prends pas de brevet d'invention, je vous le livre. Jusqu'à présent on a demandé au public de l'argent en retour d'un journal ; c'est trop d'exigence. Demandons de l'argent, mais offrons à la fois un journal et un autre objet d'un emploi plus habituel ; par exemple, un paletot, une paire de bottes. Suivez mon raisonnement ; il est des plus simples. Un journal est une consommation de luxe ; on en use, on n'en use pas ; c'est un agrément, pas un besoin. En peut-on dire autant d'une paire de bottes et d'un paletot ? Évidemment non. Tout homme éprouve la nécessité de se chausser et de se vêtir. Ceci posé, que faut-il faire ? Offrez un paletot et un journal contre un abonnement. Vous tentez deux espèces de consommateurs. Il y en a qui prendront le journal à cause du paletot ; d'autres, en plus petit nombre, qui prendront le paletot à cause du journal. C'est infaillible.

L'idée était triomphante ; aussi fut-elle accueillie avec le plus grand enthousiasme. Seulement, en la discutant on la développa. Il fut facile d'établir que, pour opérer sur une grande échelle, il fallait s'adresser au plus grand nombre de consommateurs possible. Tous les produits de l'art et de la nature, tous les objets alimentaires, tout ce que le luxe enfante de raffinements devait être mis à contribution. Pour cent abonnements on avait un meuble de salon ; pour mille abonnements on pouvait avoir une maison de campagne. Quatre pâtés de Chartres et un journal composaient un abonnement. On se mit donc à l'œuvre pour rédiger un tarif qui était un vrai modèle de connaissances mercantiles et de séduction littéraire. L'Abonné y était toujours frappé dans l'endroit sensible comme consommateur. Si un chapeau de feutre ne lui souriait pas, il se laissait prendre à un tapis d'Aubusson; si un exemplaire des *Œuvres complètes de Walter Scott* n'avait pas le don de le séduire, il ne résistait pas à une caisse de vin de Médoc ou à une feuillette de vin de Bourgogne.

L'affaire une fois assise sur ces bases, on lança des prospectus, des circulaires; on fit des annonces, on mit en branle le carillon de la publicité. Ce que Saint-Ernest avait prévu arriva. Les abonnés affluèrent. Aucun d'eux ne s'inquiétait du journal, ce qui humiliait un peu la rédaction; mais tous tenaient à ce que la qualité de l'objet accessoire fût garantie de bon aloi. Les femmes venaient prendre un abonnement à l'*Aspic* et un châle; les étudiants, un abonnement et plusieurs pipes culottées. La vogue se soutint ainsi pendant plusieurs mois; mais bientôt les plaintes commencèrent. Chaque jour les bureaux étaient assiégés d'abonnés qui élevaient des réclamations et se livraient à une confusion d'idées des plus étranges :

— Votre journal est en mauvais cuir, disait l'un; il a fait eau le jour où je l'ai chaussé.

— Savez-vous que votre terrine de foies gras était bien mal rédigée ce matin? disait l'autre.

— Qui m'a bâti un *Aspic* comme ça? ajoutait un troisième survenant. C'est du noyer verni au lieu d'acajou.

— Reprenez votre pantalon en cuir-laine, s'écriait un quatrième : ses principes politiques ne peuvent pas m'aller.

Évidemment, nous étions tombés en pleine tour de Babel. Cela ressemblait beaucoup à la pièce des Variétés qui a pour titre : *Ma Femme et mon Parapluie*. On confondait notre feuille avec les objets de consommation, et elle portait la peine de toutes les camelottes qui se débitaient à son ombre. Malgré les inconvénients inséparables de ce nouveau commerce, nous tînmes bon pendant quelque temps. Nous donnâmes des livres, des tire-bottes, de la musique, des cloyères d'huîtres, des bibliothèques d'éducation, des jambons de Bayonne; nous élevâmes un bazar à côté d'une fabrique de phrases. C'était l'alliance de la muse et des arts, la pensée auprès du fait, l'union de la poésie et du commerce. Que nous importait à nous, hommes de style, ce travail plus mercenaire qui s'opérait à nos côtés? l'*Aspic* vivait, il paraissait : c'était notre seul souci, notre idée fixe. Il en est d'un journal comme d'un enfant, monsieur : plus il est souffrant, plus on s'y attache. Quand surtout c'est un premier enfant, vous ne sauriez croire avec quelle sollicitude on le surveille, combien on l'aime, quels sacrifices on est prêt à faire pour lui. J'avais fondé l'*Aspic*; c'était ma vie, ma gloire, mon espoir et ma douleur. Même dans les moyens désespérés que nous employions, respirait on ne saurait dire quel sentiment de paternité qui les rendait respectables. Hélas! dans la jeunesse qui écrit aujourd'hui, et je n'en excepte pas celle qui est parvenue à se placer dans les sphères les plus sûres, combien en est-il qui ont passé par les mêmes épreuves et débuté sous les mêmes auspices!

Il était pourtant écrit que nous ne sauverions pas notre feuille moribonde. Les expédients de l'empirisme ne peuvent pas suppléer les conditions régulières de la vie. L'*Aspic* devait mourir; il mourut; le comité de rédaction se dispersa. Cependant j'avais essayé de cette vie du journaliste, pleine d'émotions et d'enivrements. Dans la mesure de mon importance, j'avais été flatté, fêté, adulé. J'avais compris l'espèce d'empire attaché à la profession, empire indélébile, car il s'appuie sur la vanité humaine. Celui qui dispose du blâme et de la louange aura toujours, ici-bas, une grande part d'influence sur les esprits. On peut médire de ce joug, mais on le subit. Je tenais donc à persévérer dans la carrière, à me frayer une route vers ceux que je voyais investis d'une sorte de dictature sur l'opinion.

Vous verrez, monsieur, où me conduisit cette ambition et quelles épreuves me réservait encore mon étoile.

VII.

PATUROT FEUILLETONISTE.

Après une courte pause, Jérôme continua son récit:

Vous n'ignorez pas, monsieur, que le feuilleton a pris dans notre ordre social une importance au moins égale à celle de la tasse de café et du cigare de la

Havane. C'est devenu un besoin chronique, une consommation obligée. Que, par impossible, demain, les journaux déclarent à leur clientèle qu'ils suppriment la suite des aventures de trente Arthurs ou Mathildes actuellement en circulation, à l'instant vous verrez éclater une insurrection de jupes, de cornettes, et j'oserai ajouter de chapeaux. Il y a toujours de l'enfant dans l'homme : le merveilleux l'enchaîne malgré lui, et l'existence la plus sérieuse accorde une petite part à l'inconnu, ce mobile des âmes inquiètes. On a des échéances à payer, des écritures à tenir, mais on n'est pas fâché de savoir ce que devient le héros du roman à la mode; on a une affaire à plaider comme avocat; comme juge, une sentence à rendre; huissier, on instrumentera; notaire, on passera des actes; mais, au milieu de ces graves occupations, on trouvera un moment à donner aux infortunes d'une héroïne innocente et persécutée. Que l'on songe ensuite aux femmes, si avides de tout ce qui est imaginaire, et le succès de la littérature romanesque sera expliqué.

Le feuilleton à aventures a donc sa raison d'être, comme on dit dans la langue philosophique. Je le compris dès l'abord, monsieur, et je vis que cette industrie pouvait donner de l'emploi à bien des plumes. Il ne faut pas traiter avec dédain ce moyen d'action sur le public : aucun n'est plus efficace. A mes côtés, j'en avais un exemple. La passion de Malvina pour Paul de Kock prenait souvent un caractère dont tout autre que moi aurait pu s'inquiéter. Elle en raffolait, elle se meublait la mémoire de ses drôleries, ne parlait de lui qu'avec extase et l'invoquait à tout instant comme autorité, Malvina avait oublié son catéchisme, mais elle savait Paul de Kock par cœur. Veuillez croire que je n'établis pas de comparaison, je me borne à constater un fait. Cet empire du romancier sur les esprits n'a jamais été plus évident que de nos jours. Beaucoup d'entre eux en ont abusé pour répandre des idées fiévreuses et malsaines, pour exalter le culte des sens et élever des autels au désordre. Les imaginations les plus brillantes ne se sont pas défendues de cette déviation, et leur passage dans les voies sociales a été marqué par de douloureuses empreintes. Le mal, hélas! a été d'autant plus grand que l'instrument avait plus de puissance.

Se servir des ressources de l'imagination dans un meilleur dessein, voilà quelle pensée s'empara de moi. Il ne s'agissait pas d'écrire à l'aveugle ; il fallait, avant de prendre la plume, faire l'étique et l'esthétique du feuilleton, s'assurer d'un plan de conduite, se proposer un résultat et ne rien négliger pour l'atteindre. J'y songeai longtemps : je poursuivais une théorie complète. Au sommet je plaçai la forme, sans laquelle nulle œuvre ne résiste au temps. Pour que l'idée laissât des traces, je me proposais de la revêtir de toutes les ciselures de mon style, d'y prodiguer ces arabesques capricieuses qui sont le sceau de l'artiste, son cachet et son blason ; je me promettais, tantôt de faire osciller ma phrase dans le balancier de l'antithèse, tantôt de la faire chanter comme un triolet, ou bien de la faire bondir sur la cataracte de l'énumération, au milieu de substantifs bruyants et d'épithètes écumeuses. La forme d'abord, la forme au-dessus de tout ; mais avec la forme, l'idée morale, l'idée philosophique!!! je ne sacrifiais ainsi, ni à des idoles vulgaires, ni à des dieux immoraux : je planais au-dessus de la sphère des passions maladives et des mœurs triviales, j'ouvrais au feuilleton une ère nouvelle, je le retrempais dans le baptême de l'art et de la vertu. Voilà quelle était ma théorie et la manière de s'en servir.

De l'idée spéculative je passai à la réalisation. Je rédigeai quelques feuilletons qui devaient servir de types et de spécimens de ma manière. Vous dire, monsieur, à quel point je soignai ce travail, serait impossible. Ni mon poëme babylonien, ni mes sonnets, ni mes articles de l'*Aspic*, n'avaient tendu à ce point les ressorts de mon esprit. Je fis trois nouvelles, trois chefs-d'œuvre, je puis le dire sans vanité aujourd'hui que je ne rédige plus que des prospectus de bonneterie. — Heureux le journal, me disais-je, sur qui tomberont mes préférences ! Je délibérai longtemps pour savoir à qui je porterais ce fruit de mes veilles, et me décidai enfin en faveur d'un organe fort accrédité de la publicité parisienne. Une lettre de recommandation assez pressante m'introduisit auprès du rédacteur en chef, qui me fit un accueil plein d'affabilité et de bienveillance.

Ce rédacteur en chef était un petit homme, jeune encore, mais amaigri par le travail. Son regard, froid en apparence, s'éclairait de temps en temps d'une finesse soudaine et d'une pénétration particulière. Il y avait en lui un mélange de bonhomie et de réserve qui n'était ni sans grâce ni sans dignité. On pouvait voir que l'habitude de juger les hommes l'avait rendu à la fois attentif et circonspect. Il ne se livrait que peu à peu et jamais tout entier. Du reste, il subissait les visites dans le genre de celle que je lui faisais alors comme un accessoire obligé de fonctions assez délicates. Aux prises avec des amours-propres peu traitables, il cherchait des diversions pour les rendre moins farouches, et des formules pour les apprivoiser. Ces ménagements n'étaient pas toujours couronnés de succès, mais la politesse des formes n'en demeurait pas moins une des qualités de l'emploi et des nuances du rôle.

Quand j'eus décliné le but de ma visite, le rédacteur en chef toussa ; c'est le prologue ordinaire de ceux qu'une réponse embarrasse. Enfin, il se décida à parler.

— Môsieur aurait donc le dessein de s'essayer dans notre feuilleton ? Nous sommes un peu encombrés pour le moment : il y a des traités passés avec les auteurs en vogue. Cependant, on pourra voir ; j'aime les essais, mes sympathies sont pour la jeunesse...

— Croyez bien, monsieur....

— Mon Dieu, qu'étions-nous hier encore, môsieur ? Des débutants comme vous, cherchant une porte qui voulût bien s'ouvrir, un débouché à nos pensées, un organe, une tribune. Qui de nous n'a passé par là ?

— Monsieur, vos paroles m'encouragent. Permettez-moi de vous dire rapidement ce que j'ai voulu faire. Je crois que j'ai trouvé une veine encore inexploitée dans le domaine de l'art.

A ce dernier mot, je vis mon interlocuteur se renverser dans son fauteuil comme un homme qui se résigne, mais qui a désormais une opinion faite. J'étais jugé. Cependant je ne me rebutai pas. Rappelant mon courage et soutenu par la conscience de mon œuvre, je développai ma théorie, et expliquai à quel point de vue j'avais compris le feuilleton. C'était une corde très-sensible que je touchais là ; je m'adressais à un maître expert dans la matière. Aussi ne me laissa-t-il pas aller jusqu'au bout.

— Môsieur, dit-il en m'interrompant, brisons, s'il vous plaît. Ce que vous appelez la question d'art ne peut venir qu'en seconde ligne lorsqu'on s'adresse à un public nombreux. Voyons, ne sortons pas des réalités. De quoi se compose la masse des lecteurs de journaux? de propriétaires, de fermiers, de marchands, d'industriels, assaisonnés de quelques hommes de robe et d'épée ; encore sont-ce là les plus éclairés. Eh bien! dites maintenant quelle est la moyenne de l'intelligence de cette clientèle? Croyez-vous que vos théories sur l'art pourront la toucher, qu'elle s'y montrera sensible, qu'elle vous comprendra seulement? Quand on parle à tout le monde, môsieur, il faut parler comme tout le monde.

— Mais, monsieur, répondis-je, sans vouloir lutter contre une expérience pareille à la vôtre, ne peut-on pas croire que précisément parce que l'on a sous la main un public nombreux, il faut essayer de l'élever au sentiment de l'art et non faire descendre l'art jusqu'à lui? Certes, tout habitant de l'Attique n'était pas un Phidias, et cependant les marbres de Phidias étaient admirés de toute l'Attique. Quand Cicéron occupait la tribune aux harangues, il ne s'inspirait pas du goût de son auditoire, mais il lui imposait le sien. Un véritable artiste n'obéit pas, il règne.

— Môsieur, répliqua le vétéran du feuilleton, quand on fait un journal, on n'est ni orateur, ni statuaire. On vise à un grand nombre d'abonnés, et la meilleure théorie est celle qui les fait venir. Vous parlez d'ailleurs de deux siècles éminemment artistes, de deux peuples qui suçaient avec le lait le goût des grandes choses. Rien de pareil ici. Nous vivons dans un siècle bourgeois, môsieur, au milieu d'une nation qui s'éprend de plus en plus pour la camelotte. Que faire? résister? se retirer sur le mont Hymète pour y vivre du miel de la poésie? Il faut être très-jeune pour avoir de ces idées, et vous vous en guérirez.

— Ce serait une triste cure, dis-je en étouffant un soupir.

— Pas si triste! Écoutez, môsieur, votre candeur me plaît. Si vous consentez à vous laisser guider, nous ferons quelque chose de vous. Il s'est déjà formé dans la maison quelques adolescents qui sont parvenus à une célébrité européenne. Qu'ont-ils fait pour cela? ils ont compris leur public, et si vous voulez, après votre théorie, je vais vous exposer la mienne.

— Ce sera m'obliger, répondis-je en m'inclinant.

— Thèse générale, môsieur, aujourd'hui, pour réussir, il faut faire un feuilleton de ménage, passez-moi l'expression. Dégusté par le père et par la mère, le feuilleton va de droit aux enfants, qui le prêtent à la domesticité, d'où il descend chez le portier, si celui-ci n'en a pas eu la primeur. Comprenez-vous quelles racines un feuilleton ainsi consommé a dans un ménage, et quelle situation cela assure sur-le-champ à un journal? Désormais ce journal fait partie intégrante de la famille. Si, par économie, on le supprime, la mère boude, les enfants se plaignent; la maison entière est en révolution. Il faut absolument le reprendre, se réabonner, pour rétablir l'harmonie domestique et le bonheur conjugal. Voilà, môsieur, comment le feuilleton joue désormais un rôle social et s'est placé avec avantage auprès du pot-au-feu et de la batterie de cuisine.

— Mais encore, monsieur, répliquai-je en insistant, dans ces conditions mêmes, comment faut-il s'y prendre pour plaire à cette clientèle? Vous savez ce qu'il en coûte à l'esprit pour se plier à des formes vulgaires, pour déroger, pour s'amoindrir.

— Bagatelle! môsieur, bagatelle pure! Quand vous aurez fait un seul feuilleton dans ce goût, cela ira comme de source; vous en ferez vingt, trente, sans le moindre effort. Vous prenez, môsieur, par exemple, une jeune femme malheureuse et persécutée. Vous lui adjoignez un tyran sanguinaire et brutal, un page sensible et vertueux, un confident sournois et perfide. Quand vous tenez en main tous ces personnages, vous les mêlez ensemble, vivement, en deux, trois, quatre cents feuilletons; et vous servez chaud. Il faut que vous m'ayez séduit, môsieur, pour que je vous livre ainsi le secret du métier.

— Je vous en dois mille grâces.

— C'est surtout dans la coupe, môsieur, que le vrai feuilletoniste se retrouve. Il faut que chaque numéro tombe bien, qu'il tienne au suivant par une espèce de cordon ombilical, qu'il inspire, qu'il donne le désir, l'impatience de lire la suite. Vous parliez d'art, tout à l'heure ; l'art, le voilà. C'est l'art de se faire désirer, de se faire attendre. Vous avez, je suppose, un M. Arthur à qui votre public s'intéresse. Faites manœuvrer ce gaillard-là de façon qu'aucun de ses faits et gestes ne porte à faux, ne soit perdu pour l'effet. A chaque fin de feuilleton, une situation critique, un mot mystérieux, et Arthur, toujours Arthur au bout! Plus le public aura mordu à votre Arthur, plus vous devez en tirer parti, le lui présenter comme amorce. Et si, dans un cas donné, vous pouvez mettre cet Arthur à cheval sur un renouvellement d'abonnés, en laissant les retardataires avec la crainte d'ignorer ce que devient le héros favori, vous aurez réalisé le plus beau succès d'art que puisse ambitionner un homme de style comme vous l'êtes.

— J'y tâcherai, monsieur ; j'essayerai.

— Écoutez, j'ai rompu la glace avec vous. Vous m'avez plu, je ne vous le cache pas, môsieur. Vous avez un air naïf et sincère qui a gagné ma confiance. Je veux vous pousser : travaillez pour nous ; travaillez sur ces données. Tenez, je viens de recevoir une série de feuilletons d'un adulte qui me doit tout, son génie, sa gloire, sa réputation. Aujourd'hui il est devenu d'une force qui m'épouvante ; il m'a trompé, je ne croyais pas qu'il pût jamais s'élever si haut. Par curiosité, je vais vous lire la fin de son premier feuilleton, ce que nous appelons la coupure, l'endroit où le véritable artiste se révèle. Ce sera une étude pour vous.

Mon interlocuteur chercha sur son bureau le manuscrit dont il venait de parler, passa plusieurs feuillets et arriva ainsi aux dernières pages.

— Ah! bon! nous y voici, dit-il. Il faut vous avertir que la scène se passe dans un château mystérieux. C'est très-nouveau comme effet.

Il lut alors ce qui suit :

« Éthelgide, après que sa suivante l'eut débar-
« rassée de ses atours, se mira pendant quelque
« temps dans une glace. Elle repassait dans sa mé-
« moire les paroles qui étaient échappées à Alfred
« dans la scène du bosquet. Peu à peu pourtant ce
« souvenir s'effaça pour faire place à d'autres pen-
« sées. Elle regarda autour d'elle, et ne put retenir
« son effroi à l'aspect d'une tapisserie sombre sur
« laquelle était cloué un grand christ en ivoire. Il lui
« sembla que, dans le silence de la nuit, un gémis-
« sement sourd se faisait entendre, et que des cli-
« quetis de chaînes partaient de la pièce voisine. La
« clarté des bougies devint tout à coup vacillante,
« sans qu'on pût deviner quelle était la cause de cette
« agitation. Éthelgide, épouvantée, se jeta sur son
« lit et chercha à se faire un rempart de ses rideaux ;
« mais quel fut son effroi quand elle vit sortir des
« parois du mur qui faisait face à sa couche un bras
« nu et une main livide tenant par les cheveux une
« tête sanglante et défigurée.

« Quelle était cette main!!! Quelle était cette
« tête!!! »

(La suite à un prochain numéro.)

— Voilà, môsieur, reprit le rédacteur en chef, ce que j'appelle arrêter un feuilleton. C'est-à-dire que, sur deux millions de lecteurs, il n'en est pas un seul qui ne voudra savoir ce que c'est que cette tête si hardiment suspendue entre deux numéros. On peut qualifier le moyen de triomphant. C'est de la bonne besogne : prenez modèle là-dessus. Vous feriez dans ce goût quarante-quatre volumes en quarante-quatre parties et cinq cent cinquante feuilletons, que le public y mordrait. Ajoutez-y quelques horreurs ; assaisonnez l'action de plusieurs chenapans pour relever votre but moral, ouvrez un cours de dialecte pittoresque, et vous jouirez d'un succès européen. Les grands artistes ne procèdent pas autrement.

En achevant cette phrase, mon protecteur se leva : évidemment, il me donnait congé. Il fut convenu que je renoncerais au roman exécuté d'après ma méthode esthétique, et que je m'essayerais dans le feuilleton à l'usage des familles. L'un m'aurait peut-être donné la gloire, mais l'autre, avec un peu de pratique, m'assurait le pain de chaque jour. Le rédacteur en chef avait raison : rien n'est plus aisé que de se gâter la main. Je fis donc comme les autres, j'ouvris un atelier de feuilletons à prix fixe, et recommençai, pour mes débuts, l'histoire de Geneviève de Brabant et du farouche Golo. Cette nouveauté obtint un succès de larmes et une moisson d'éloges. Je me décidai alors à traiter la mort de M. de La Palisse : c'était hardi.

VIII.

SUITE DU CHAPITRE PRÉCÉDENT.

Oui, monsieur, reprit Jérôme, j'étais sur le chemin de la fortune. Comme les maîtres, j'allais battre monnaie avec mon imagination. Encore quelques mois de vogue, et je pouvais prétendre à des prix fabuleux pour ma marchandise, demander vingt, trente, quarante mille francs par volume. Dans le moment, je n'aurais pas aliéné mes œuvres complètes pour un million. J'étais en proie à des tentations incroyables. Avec mes bénéfices futurs, je voulais acheter des maisons de campagne, bâtir des hôtels, remplir l'Europe du bruit de mes voyages, avoir un pied-à-terre à Naples, y gagner un palais en loterie, frayer avec les grands ducs et les souverains, recevoir d'eux une infinité de tabatières, séduire le prince de Metternich au point de vue d'un panier de Johannisberg, recueillir des mots charmants de la bouche même de la czarine de Russie, mener enfin la vie des grandes plumes du temps, avoir des créanciers et les payer aussi peu que possible, promener mes éditeurs, goûter les bienfaits de l'expropriation et de la contrainte par corps, jeter le mouchoir aux reines du théâtre, enfin épuiser cette coupe pleine d'enivrement et d'amertume, un jour à la tête de soixante mille francs, le lendemain à la recherche d'une pièce de cent sous, tantôt au ciel, tantôt dans l'abîme, malheureux de mon bonheur, heureux de mes misères, en butte aux alternatives de cette existence bohême, ornée de cannes fabuleuses, de pipes d'écume de mer, et de rubans de toutes les couleurs. Voilà quels rêves m'inspirait la première heure du triomphe.

Malvina, comme vous le pensez bien, n'était étrangère à aucun de ces projets. Pour la première fois, elle abondait dans mes illusions. Le premier billet de banque enlevé à la pointe de la plume l'avait fascinée : elle ne voyait plus de limites à nos profits, ni de bornes à notre ambition. Avec son esprit exact, elle avait déjà fait ce calcul, que si une quantité déterminée de phrases rapporte un millier de francs, il suffisait d'augmenter indéfiniment le nombre des phrases pour augmenter proportionnellement le produit.

— T'es vigoureux, Jérôme, me disait-elle. Tu peux piocher douze heures par jour sans te tuer. C'est tout ce qu'il faut. Une colonne de feuilleton par heure, c'est douze colonnes par jour. Au plus petit pied, 20 fr. la colonne, total 240 fr., ou 86,000 fr. par an. Nom d'un petit bonhomme ! c'est joli. On se donnera des brodequins mordorés et des voitures à discrétion.

— Et mieux que cela, repris-je.

— C'est égal, faut pas se montrer fiers, Jérôme. Un sapin à la porte, bien ! mais toujours poli avec les cochers. Ça n'est pas de leur faute, s'ils tiennent un fouet au lieu d'une plume.

J'entrai donc dans ce commerce de colonnes, de phrases et de lignes, moi, monsieur, que vous avez vu si naïf, faisant la guerre à mes dépens, dévorant les débris de mon patrimoine dans l'impression de mes premières poésies. J'avais changé de muse : mon oreille était devenue plus sensible au son du métal qu'à l'harmonie du style. Je comptais en écrivant ; mes idées, malgré moi, inclinaient vers l'addition, et la fable la plus attachante me semblait inséparable d'un chiffre rémunératoire. Hélas ! monsieur, c'est un triste don que de changer en or ce que l'on touche : on a beau faire, on n'échappe pas au destin de Midas. Les côtés délicats, supérieurs du talent, s'y anéantissent d'abord, et il en est bientôt de même des côtés les plus vulgaires. L'esprit ne garde sa puissance que lorsqu'il s'observe et se contient ; les œuvres achevées sont comme les essences précieuses : on ne les compose qu'avec des soins infinis et en dégageant du sein d'éléments grossiers ce qu'ils renferment de parties pures et subtiles.

Dans le travail presque mécanique auquel je m'étais voué, l'essentiel était d'aller vite. Aussi avais-je pris Malvina pour collaborateur. Ne riez pas, monsieur : Malvina a mis du sien dans plus d'une nouvelle qui a fait son chemin, que vous avez peut-être applaudie. Elle savait lire passablement, c'est plus qu'il n'en fallait. Je la détachai sur la piste des romanciers oubliés, des auteurs anciens ; elle y puisait des canevas qu'elle arrangeait à sa manière en me les racontant. Cela me retrempait, renouvelait mes combinaisons, m'ouvrait d'autres perspectives. Ces emprunts eurent du succès : les sources étaient peu connues, personne ne me soupçonna. On trouva même que mes moyens étaient nouveaux, qu'ils avaient un caractère original. Ainsi excitée, Malvina ne se contint plus, elle dépouilla les cabinets de lecture pour y chercher la matière d'autres triomphes. Malheureusement, elle mit la main sur Ducray-Duminil : cette circonstance nous perdit, Ducray-Duminil a laissé, monsieur, de profondes traces dans la population qui date de l'empire ; on ne peut toucher à ses œuvres sans réveiller des souvenirs nombreux. Aussi les réclamations arrivèrent-elles en foule quand je me mis à recommencer, avec toute la candeur de mon âge, le roman de *Cœlina*, ou l'*Enfant du mystère*, cette œuvre dont la fortune fut si grande sous le Directoire et le Consulat. Il n'y avait pas à s'en défendre, le plagiat était flagrant, les noms mêmes étaient conservés. L'aventure fit du bruit ; mes ennemis y virent une indélicatesse, mes amis un trait d'esprit : ce n'était ni l'un ni l'autre ; mais, de toutes les manières, ma position, comme romancier, était détruite. L'ombre de Ducray-Duminil pesait sur moi ; j'expiais ainsi le tort d'avoir porté la main sur un laurier que défendait toute une génération de portières.

Il fallait donc chercher fortune ailleurs : une fois encore ma position sociale était bouleversée. Par bonheur, le feuilleton des théâtres était alors disponible : le titulaire venait de résigner l'emploi. On me l'offrit à l'essai, à titre provisoire : je l'acceptai avec empressement. Mon étoile, cette fois, me servait bien. C'est un si beau sceptre que celui de la critique dramatique ! Depuis Geoffroy, qui peut passer pour l'inventeur du genre, que d'esprits souples et exercés, ingénieux, pleins de verve, y ont marqué leur place, fait ou continué leur réputation ! Avoir une loge assurée à chaque première représentation, se promener dans les foyers avec une escorte empressée, effrayer un artiste par un froncement de sourcil, ou lui rendre la vie par un sourire, être l'ange ou le démon de toutes ces femmes épanouies à l'éloge, frémissantes sous le blâme, se jouer de leurs espérances et de leurs craintes, de leurs joies et de leurs douleurs, signaler sa puissance tantôt par d'implacables sacrifices, tantôt par d'hyperboliques ovations, trancher du bon prince ou du sultan blasé, bouder sans raison, revenir sans motif, remplir les couloirs d'une approbation bruyante ou d'un dédain de grand seigneur, rapporter à soi tout ce qui se fait, tout ce qui se dit sur la scène, s'attribuer une souveraineté universelle, y croire et l'imposer, voilà l'idéal du rôle qui m'était échu, et qui mettait à ma discrétion douze directeurs, cent cinquante sujets de premier et de second ordre, sans compter les musiciens, les choristes, les claqueurs, les ouvreuses, les marchands de lorgnettes et même le public. Quel empire et quels justiciables ! Certes, un peu de fierté est permise à qui tient cela sous sa main.

Je vous ai dit, monsieur, combien j'étais naïf, même dans mes écarts. Je sentais que j'allais être placé sur un terrain glissant, entre ma conscience et des influences de toute espèce. Eh bien, je n'eus alors qu'une pensée, celle de me montrer impartial; qu'un désir, celui de rendre justice au mérite partout où je le rencontrerais. Mettez cette chimère sur le compte de ma jeunesse : l'âge m'en a tout à fait guéri. A mesure que l'on avance dans la vie, on laisse ces illusions dans les buissons du chemin, non sans en emporter quelques blessures. L'impartialité absolue n'est pas permise à la critique : elle a trop d'assauts à essuyer, trop de résistances à vaincre. Ce n'est pas qu'elle exagère la part du blâme : au contraire ; c'est surtout pour l'éloge qu'elle s'abdique, qu'elle se parjure. Que de fois j'ai vu, dans les foyers, des opinions hostiles, insultantes même pour une œuvre, se convertir le lendemain en panégyriques imprimés ! Que de fois j'ai vu la plume donner des démentis à la parole, et l'appréciation publique former un triste contraste avec l'opinion intime ! Pourquoi cela ? Hélas ! pour mille causes : les unes issues d'un bon sentiment, les autres provenant d'une source moins pure. L'histoire en serait trop longue, et nous détournerait de celle que je vous raconte.

J'avais donc un feuilleton dramatique, c'est-à-dire une arme réelle cette fois. L'*Aspic* n'avait jamais eu d'importance qu'aux yeux de ses propres rédacteurs ; mon feuilleton en avait une pour le public, et par conséquent pour les théâtres. J'allais être remarqué ; il fallait me dessiner. Par une lecture assidue des journaux, j'avais pu m'apercevoir qu'une certaine désinvolture dans le style, qu'une façon délibérée d'envisager les choses, manquent rarement leur effet. Les airs lestes et cavaliers vont assez au gros des lecteurs ; une manière calme et sensée ne s'adresse qu'à l'élite. Or, je voulais réussir, je voulais me faire accepter. Je pris donc mes modèles dans la région de l'outrecuidance. Un mélodrame en cinq actes, représenté au théâtre de la Gaieté, devait servir à mon début de critique. J'eus d'abord l'idée d'y tracer ma biographie en remettant l'analyse de la pièce au dimanche suivant, mais le moyen me parut usé. Après bien des essais et des réflexions, voici ce que j'écrivis :

LA CAVERNE MYSTÉRIEUSE,

Mélodrame en cinq actes et dix-huit tableaux, par M***.

« J'ai à vous parler d'un mélodrame en dix-huit

« tableaux, mais auparavant je vous demanderai la
« permission de vous entretenir de mon serin. Quoi !
« dira-t-on, le critique a un serin ? Oui, mes belles
« marquises, mes adorables duchesses, le critique a
« un serin. Et pourquoi n'aurait-il pas un serin, le
« critique ? Sommes-nous donc des parias, pour qu'on
« nous refuse le droit d'avoir un serin ? Un serin qui
« chante quand nous pleurons, qui lisse avec son bec
« ses plumes d'or quand nous déchirons le papier
« avec notre plume de fer ; un serin heureux, gazouil-
« lant, huppé, des Canaries, pour charmer les heures
« du critique morose, courbaturé, gémissant, de la
« rue de l'Ouest. Mais vraiment il serait beau de nous
« refuser ce petit caprice, un serin, quand vous vous
« les passez tous ; vous qui avez lu Ovide, et Properce
« et Tibulle sous les bosquets, à l'ombre des grandes
« futaies, sur les gazons émaillés de pâquerettes et
« d'asphodèles, au murmure du ruisseau qui roule
« des diamants plus beaux que ceux de votre rivière,
« madame : *donec gratus eram tibi*. J'ai donc un
« serin.

« Il s'agit d'une jeune fille nommée Claire, qui a
« dénoué trop tôt sa ceinture, comme Didon avec
« Énée, *speluncam Dido*, et qui court à la poursuite
« de son séducteur. Or, ce séducteur est un abbé,
« rien de moins, un abbé rose, perfide, frais, liber-
« tin, pomponné comme un Watteau, un abbé de
« bergeries, pareil à ceux que madame de Pompa-
« dour faisait asseoir sur ses genoux, *delicias domini*;
« un abbé anodin, coquet, aux ongles finement cou-
« pés, leste dans son petit manteau, remuant, égril-
« lard, souple, avec du jarret, un abbé de Saint-Sul-

« pice. Mais qu'a donc mon serin? il me regarde
« tristement. Regrettes-tu la liberté, enfant des Ca-
« naries? *Philomela sub umbra.* Pauvre serin! pau-
« vre Claire! »

Il faut vous dire, monsieur, que pour juger de l'effet que devait produire mon feuilleton, j'en fis d'abord la lecture à Malvina. C'est la vieille histoire de Molière consultant sa servante. Impossible de rendre l'attitude de ma fleuriste pendant cette lecture : elle semblait abasourdie, déconcertée. Enfin elle ne put se contenir :

— Mais qu'est-ce que t'as donc avec ton éternel serin? s'écria-t-elle. T'as vu un serin dans la pièce, toi! A moins que ce ne soit Francisque. Au fait...

— Non, Malvina, répliquai-je, c'est une manière ingénieuse et détournée que prend un critique pour entretenir le public de son mobilier, de ses petites affaires, de son caniche, de son intérieur! Nouveau genre : ça pose un homme.

— Un tas de bêtises, Jérôme! Dis-leur tout uniment que la petite qui fait l'amoureuse est une pie-grièche, et que le jeune premier parle du nez. Ça leur apprendra, à ces messieurs de la Gaieté, à nous donner une loge de côté, et aux troisièmes encore. Boutique d'administration!

Je résistai à la mauvaise humeur de Malvina, mais je n'en conservai pas moins quelques scrupules sur la valeur de mon travail de début. Après y avoir réfléchi, je compris qu'il valait mieux chercher à me faire une manière plus originale encore, quoique moins littéraire. Une seconde occasion d'éprouver mon talent venait de se présenter. Un théâtre lyrique donnait un opéra en trois actes dont la partition était signée par un de nos plus célèbres compositeurs. C'était le cas de faire preuve de science et de goût. Le feuilleton musical est devenu un assaut de croches et de doubles croches. On le compose avec l'archet, on le touche sur le piano, on l'exécute sur la clarinette; la plume n'y est pour rien. Quelle difficulté pour un musicien de ma force, pour un pauvre diable qui ne savait pas seulement distinguer la clef de *fa* de la clef de *sol*, et ne connaissait, en fait de notes, que celles de son tailleur! Cependant, je ne désespérai pas d'en venir à bout. Il n'y a rien ici-bas dont on ne triomphe avec de la volonté unie à un immense aplomb. J'allai voir l'opéra, et voici comment, dans mon feuilleton, je traitai la partie technique :

« Il est impossible de détailler ici toutes les qua-
« lités précieuses dont abonde cette partition. On y
« reconnaît le *brio* italien combiné avec le *smorzato*
« français, et empreint on ne saurait dire de quel
« *schwermutz* allemand, allié au *sorrow* britannique.
« Un premier morceau, en sixtes diminuées et procé-
« dant *pianissimo*, se continue par une quinte avec
« neuf dièses à la clef, pour se terminer par un ado-
« rable *cantabile*, accompagné d'arpéges de la plus
« grande dimension. Le chœur qui vient ensuite est
« un véritable morceau *di prima invenzione*, comme
« on dit au delà des monts. C'est un *allegro agitato*
« qui passe subitement à l'*assai*, incline à l'*andante*
« par une cascade en *mi* bémol, doublée de quartes
« et de tierces qu'embellit encore une profusion de
« bécarres. Ensuite vient un *affettuoso*, dans lequel

« on remarque une phrase d'*ut* majeur arrêtée sur
« un point d'orgue en *ré* mineur ; puis un *commodo*
« que l'orchestre a joué avec une nonchalance admi-
« rable, et dans lequel l'auteur a pris ses aises par
« une série d'arpéges en *fa* dièse et de triples croches
« éblouissantes. Impossible de rendre l'éclat de ce
« dernier morceau, qui a failli faire crouler la salle
« sous les applaudissements.

« Parlons maintenant des chanteurs. On a beau-
« coup discuté sur le talent de la *prima donna*, dont
« la voix n'a pas encore reçu une définition bien
« nette. En attendant, constatons que l'*ut* de poi-
« trine du ténor n'a pas varié quant au volume et à
« l'intensité. Cet *ut* précieux est ce que nous l'avons
« connu, toujours le même *ut*, toujours le grand *ut*,
« toujours l'*ut* monumental et inaltérable que vous
« savez. Quant au *si* du baryton, il a baissé, à ce que
« prétendent les critiques pointilleux, d'un soixan-
« tième de ton dans les sixtes diminuées dont on con-
« naît la délicatesse. N'importe, c'est toujours un fa-
« meux *si*, un *si* rare, un *si* particulier ! Passons
« maintenant à l'organe de la *prima donna*. On a
« voulu traiter cette voix de *fausset* ou de *faucet*,
« tandis que c'est tout bonnement une voix de tête.
« La voix de poitrine (*di petto*), qui, dans les *so-*
« *prano*, s'étend d'ordinaire du *si* grave au *fa* et au
« *sol* (cinq ou six notes), doit se distinguer de la voix
« *mixte*, qui, partant du *la*, s'élève au *ré* et au *mi*
« aigu. A partir de ce *mi* aigu, commence la vérita-
« ble voix de tête, qui se lie ainsi, sans changer de
« registre, à l'aide des tons médiaux, aux sons de la
« division aiguë de l'instrument vocal. La *prima*

« *donna*, obligée de filer un *cantabile* dans le *me-*
« *dium*, a donc été parfaitement inspirée de le ren-
« dre en voix de tête. C'est la combinaison obligée de
« la voix de poitrine (*di petto*) et du *fausset* ou *fau-*
« *cet* (*faucetto*). Impossible de sortir de là. »

Mon feuilleton continuait sur ce thème pendant six colonnes, avec un déploiement extraordinaire d'érudition musicale puisée aux sources du solfége de Steibelt. C'était si intéressant, qu'à l'entendre lire, Malvina s'abandonna à un profond sommeil. Quand elle se réveilla, j'en étais encore à ma critique avec cinq dièses à la clef.

— Mon petit, dit-elle, c'est amusant comme un enterrement de sixième classe, tout ça. Ne va donc pas chercher midi à quatorze heures. Dis-leur qu'ils chantent tous comme des canards. On ne te fait pas ton droit. Le petit Alfred se fait donner une loge par semaine. Quand les directeurs sont des pingres, faut leur tomber dessus, autrement, ils vous mangent la laine sur le dos.

La seconde épreuve était faite. Je compris que le feuilleton d'érudition musicale n'était pas foncièrement récréatif; je le tempérai par des souvenirs anecdotiques, et obtins, dans ces conditions, un succès d'estime. Il est vrai que les feuilletons à grand orchestre me tenaient en profond mépris, en me reprochant d'user discrètement du trombone et de passer sous silence le chapeau chinois; mais je me consolai en pensant que, si tous les cuivres sont dans la nature, il est permis à chacun de n'en prendre que ce qui lui convient pour son usage particulier, et qu'il n'est pas donné à tout le monde d'entretenir

un feuilleton sur le pied de deux cents instruments à
vent et de quatre cents instruments à cordes.

IX.

PATUROT PUBLICISTE OFFICIEL.

Mon feuilleton dramatique, reprit Jérôme, ramené
sur un ton moins ambitieux, aurait pu se soutenir
longtemps, si Malvina ne s'était trop directement mêlée de ce travail. Depuis qu'elle tenait les théâtres
sous sa main, elle était devenue intraitable. Une soif
démesurée de premières représentations, de loges,
de coupons, s'était emparée d'elle. Elle ne manquait
pas une reprise, pas une soirée à bénéfice. Quand on
lui refusait des billets, il fallait la voir : la lionne du
désert ne rugit pas d'une manière plus farouche, ne
secoue pas sa tête avec plus de majesté. Quelle
pluie d'épithètes pour ces pauvres directeurs! quelles imprécations sur les théâtres ! Ce n'est pas tout,
elle ne renonçait pas ainsi. Affublée de son plus beau
tartan, elle se rendait dans les bureaux de l'administration, appelait familièrement par leurs noms tous
les employés, exposait ses griefs, se recommandait à
leur bienveillance, leur promettait de parler de leurs
services modestes, mais essentiels ; puis, quand rien
ne touchait ces hommes, quand toutes les voies parlementaires étaient épuisées, elle sortait furieuse,
hors d'elle-même, en les menaçant de la colère de
mon feuilleton. Alors il fallait épouser ses rancunes,

satisfaire ses haines, et faire passer dans ma plume le fiel de ses petits désappointements.

Malvina avait un autre caprice, plus grave encore. Elle s'engouait de certains acteurs, de certaines actrices, et ne me laissait plus à leur sujet ni liberté, ni force d'initiative. Quand un premier sujet portait bien le pantalon collant, c'était fini, il devenait impossible de dire du mal de sa voix et de son jeu. Cet avantage lui comptait pour tous les autres. Vous comprenez, monsieur, que, soumise à des influences de ce genre, ma justice dramatique ne pouvait être ni sérieuse, ni impartiale; mais, en général, les caprices de mon Égérie étaient essentiellement fugitifs, et passaient volontiers d'un pantalon collant à un autre. Cette mobilité diminuait beaucoup le danger de ces fantaisies. Malheureusement, il n'en fut pas de même de l'enthousiasme qu'une certaine débutante inspira à Malvina. Il y eut cette fois passion véritable, acharnement, entêtement. La débutante se nommait Artémise; c'était une personne taillée en force, avec un buste vigoureux, des contours exubérants et un peu villageois. La physionomie avait une beauté réelle, quoique vulgaire; les bras étaient ronds, potelés, mais les attaches étaient dépourvues de finesse. Comme morceau de résistance, rien ne lui manquait; ni les pieds posés carrément, ni les hanches développées, ni la taille massive; du reste, nulle élégance, nulle distinction, rien de ce qui constitue l'idéal de la femme. L'organe lui-même, vibrant et accentué, n'avait aucune de ces notes sympathiques et caressantes qui créent seules l'émotion, et vont jusqu'au fond des cœurs chercher des fibres qui leur répondent.

Malvina s'était pourtant éprise de la solidité qui éclatait dans toute cette personne.

— En voilà une de corsée, disait-elle, en voilà une de posée sur ses ergots. Parle-moi de ça; on ne craint pas de lui voir pousser son dernier souffle sur la scène. Au lieu d'un tas de guenuches qu'on renverserait avec une chiquenaude! Tiens, Jérôme, ajoutait-elle en me détaillant les avantages de sa protégée, regarde-moi un peu ça : comme c'est ferme, comme c'est établi! On n'y a pas épargné la façon, au moins. Tas de manches à balais de tragédiennes qu'elles sont, les autres! avec leurs palpitations de cœur et leurs poumons en compote! Si ça ne fait pas pitié!

Quand Malvina entamait ce chapitre, elle ne tarissait plus. C'était Artémise par-ci, Artémise par-là ; Artémise étudiait le rôle de Phèdre; Artémise voulait débuter par Camille. Notre chambre était le théâtre de répétitions quotidiennes. On me consultait pour un geste, pour une intonation; bref, nous étions presque identifiés avec Artémise. Quoiqu'elle eût depuis longtemps une promesse de début, cependant il fallut agir pour hâter l'époque où il aurait lieu. Malvina se chargea de tout : elle prodigua les promesses et les menaces, toujours au nom de mon feuilleton, me compromit devant des tiers de la façon la plus grave, s'agita si bien et de tant de manières, que le début fut fixé à trois semaines. C'était une victoire : Malvina n'épargna rien pour qu'elle fût complète. Aucun détail ne lui échappa, ni le choix des claqueurs, ni la pluie de bouquets, ni les billets d'amis. Elle avait la clef de tous ces moyens secondaires qui échappent au public, mais qui contribuent à réchauffer une salle, à l'animer, à rompre la glace. Jamais général d'armée ne prit des dispositions plus savantes et ne se ménagea plus de ressources pour maîtriser la fortune.

— Jérôme, me dit-elle au moment décisif, jette ton bonnet par-dessus les moulins; il faut qu'Artémise réussisse. Pas de si, pas de mais, file droit ton chemin et porte-la plus haut que le dôme du Panthéon. Si t'es une autorité, prouve-le pour voir. C'est le cas de donner de la grosse caisse à se démancher le bras.

— Si cependant on la siffle, dis-je avec une certaine timidité.

— De quoi? est-ce que tu t'insurrectionnes, par hasard? quel est ce genre de scrupules, monsieur? seriez-vous vendu à nos ennemis? je voudrais voir ça. En route, et chaud des mains!

— Allons, puisqu'il le faut.

— Et demain, chaud la plume, monsieur, chaud, chaud, tout ce qu'il y a de plus chaud. Je suis impatiente de voir la mine que fera son échalas de rivale. Vilain petit pain d'épice enroué!

Nous partîmes, et la soirée fut ce que j'avais prévu. Les admirateurs du lustre donnèrent, mais le public resta froid. Artémise jouait sans inspiration, sans élan. J'attendais toujours qu'il jaillît quelque étincelle pour la recueillir et en faire mon panégyrique; rien ne se révéla. Ce n'est pas qu'Artémise manquât de chaleur; elle en avait trop au contraire; mais c'était une chaleur sans règle, dépourvue de nuances, dénuée d'intentions, une chaleur qui tenait plus au poumon qu'à la pensée, et faisait plus d'honneur à la constitution du sujet qu'à son intelligence. Dans un temps où les cris avaient une puissance scénique, Artémise aurait pu se faire une place assez distinguée au théâtre : elle aurait doublé avec avantage mademoiselle Raucourt ou mademoiselle Georges. Venue plus tard, il ne lui restait qu'à se retirer en reconnaissant qu'elle s'était trompée sur sa vocation.

Ce n'était le compte ni de la débutante ni de Malvina. Celle-ci surtout avait donné, dans le cours de la représentation, des témoignages d'une admiration frénétique. Elle excellait en ce genre, et, comme on le pense, elle n'y épargna pas l'étoffe cette fois. C'était un délire, une expansion, une ivresse, qui me compromettaient au point que je crus devoir essayer quelques remontrances.

— Ne t'épanouis pas tant, lui dis-je, tu nous donnes en spectacle.

— Tant mieux, mon petit, ça allume la salle. Dieu ! la belle tragédienne, la belle tragédienne ! Chauffe donc, Jérôme, tu es froid comme un caillou. En avant les battoirs, et tape des pieds en même temps. Coups doublés et vivement !

Ainsi se passa cette soirée. Le lendemain, la tâche retombait tout entière sur moi. Avec Malvina à mes côtés, il n'y avait qu'un moyen d'échapper aux conséquences de ma position. Le breuvage était versé ; quelque amer qu'il fût, il fallait le vider jusqu'à la lie. Je m'y résignai donc. Jamais artiste du premier rang, ni Talma, ni mademoiselle Rachel, ni mademoiselle Mars, n'auraient pu prétendre à une ovation plus hyperbolique que celle dont Artémise devint l'objet. C'était Artémise l'inspirée, la grande Artémise, le talent sans pair, la tragédie même; c'étaient la puissance, la majesté, la grâce, la distinction, résumées dans une seule personne. Avant elle, rien d'essentiel; après elle, rien de possible. Qui n'avait pas vu Artémise n'avait rien vu; ses rivales, si tant est qu'elle en pût trouver, allaient passer comme des fantômes, implorer la faveur de ses leçons, chercher la célébrité à son ombre. Monsieur, je dis tout cela et bien d'autres choses encore; j'empruntai des ressources à la langue figurée, je puisai dans les profondeurs de ma rhétorique, je jonchai le chemin de la débutante de toutes les épithètes que peut imaginer un homme de style; je l'élevai sur un trône de périodes, orné de trophées d'érudition pittoresque, et la conduisis ainsi par la main vers la conquête d'une réputation européenne.

Peines perdues, monsieur! J'eus beau y revenir, accuser le public d'ignorance, d'aveuglement, d'ingratitude; les affaires d'Artémise n'en allaient pas mieux. Jusqu'alors, grâce à quelques ménagements, j'avais conservé une certaine influence sur les choses du théâtre. Cette équipée ébranla mon crédit. Au lieu de revenir sur mes pas et de faire à temps une de ces volte-faces qui sauvent les hommes d'esprit, je m'obstinai, c'est-à-dire que Malvina s'obstina. Nous eûmes la prétention d'imposer Artémise à la presse, au public, à l'Europe, à l'univers. Chaque jour je recommençai l'éloge de la tragédienne, tantôt sur le mode ionien, tantôt sur le mode dorique, sans me lasser, sans me rebuter. Autour de moi, j'entendais mes amis se dire :

— Mais qu'il devient donc ennuyeux, ce pauvre Jérôme, avec son éternelle Artémise! Dieu de Dieu, baisse-t-il!

Malgré ces avertissements indirects, je ne voulus pas en démordre : la cause d'Artémise était désormais inséparable de la mienne; Malvina d'ailleurs n'entendait pas plaisanterie sur ce chapitre. Il fallait de nouveau se battre les flancs, parler d'Artémise la divine, de l'inimitable Artémise, qui seule avait la grandeur, la carrure, la parole des héroïnes de Corneille! Corneille et Artémise! Artémise et Corneille! deux noms inséparables, destinés à traverser les âges, l'un par l'autre, l'un portant l'autre! J'ai fait, monsieur, vingt-quatre feuilletons là-dessus. Dans l'origine, cela parut aux propriétaires du journal qui recevait mes communications, un paradoxe peu récréatif, mais ne tirant point à conséquence. On croyait que j'allais abandonner cette gamme comme j'en avais abandonné d'autres; mais quand on vit que je faisais litière des talents supérieurs à une médiocrité avérée, et que je voulais avoir raison contre le public tout entier, on me pria de m'abstenir désormais de toute espèce d'Artémise, et d'envisager le théâtre à un autre point de vue que celui de la tragédienne préférée. Je fis le fier, monsieur, je m'obstinai et donnai ma démission. Malvina me dit :

— Jérôme, je suis contente de toi.

Et je me trouvai de nouveau en butte aux incertitudes de la destinée.

Le hasard nous vint encore en aide. Au théâtre, et comme un meuble obligé des premières représentations, nous avions vu un monsieur à cheveux blancs qui venait invariablement s'asseoir à l'orchestre. Je me trouvai un jour placé à ses côtés, et la conversation, engagée d'abord sur des objets indifférents, finit par prendre un caractère plus intime. A diverses reprises, nous nous rencontrâmes, et une liaison s'ensuivit. Je le présentai à Malvina, qui lui trouva l'air respectable. Autant que j'avais pu en juger, ce monsieur appartenait au gouvernement par quelque fonction de confiance : il écoutait attentivement les pièces et surveillait l'attitude du public. Quand le chapitre des allusions prenait un caractère orageux, il fronçait le sourcil comme un homme mécontent et officiel. Du reste, le meilleur garçon du monde et acceptant de Malvina toutes sortes de pâtes de jujube et de boules de gomme. Plus d'une fois, il m'avait entrepris sur le compte de l'autorité.

— Vous qui êtes un homme de style, me disait-il en me tâtant par mon faible, vous feriez joliment votre chemin de ce côté. Nous avons le bureau de l'esprit public qui vous irait comme un gant. A moins, pourtant, que vous ne préfériez un petit coin au bureau de la censure théâtrale. Cela rentre dans vos études; cela vous chausserait. Un métier de roi, de pacha, jeune homme. Vous êtes auteur, je suppose; vous portez une pièce à ces messieurs. Eh bien, ils peuvent en faire ce que bon leur semble, des cure-dents, des cornets de tabac, des enveloppes..., ce qu'ils veulent. Autre privilège. Il y a un mot dans votre pièce que vous aimez, auquel vous tenez. Ils vous diront : « Rayez-moi ce mot-là, » et il faudra le rayer. Quelle puissance! celle de Venise n'était pas plus mystérieuse! Les cadis de l'encre rouge ne rendent de compte à personne, pas même au ministre, car il ne lit pas ! Les jugements sont sans appel : on exécute un vaudeville entre deux portes, et tout est dit. Eh bien, que vous en semble, monsieur ; cette vie vous conviendrait-elle ?

Plus d'une fois le petit vieillard était revenu à la charge ; heureusement j'étais alors dans une position à n'avoir besoin de personne. Ce n'est pas que j'eusse le moindre scrupule de me rallier au gouvernement. J'avais été saint-simonien : cela vous dit tout. Les saint-simoniens ont toujours été des hommes très-accommodants en fait de convictions politiques. Je n'avais, d'ailleurs, jamais arboré de drapeau, et la polémique par allégories à laquelle s'était livré l'*Aspic* n'avait rien de bien acerbe et de bien caractérisé. Jusqu'à un certain point, j'étais donc libre. Cependant il me répugnait de m'engager d'une manière formelle, et je m'étais dit que, tant que je le pourrais, je conserverais intacte l'indépendance de ma plume. C'est toujours un grand poids que celui d'une servitude directe ; et, quelque bien nourri que l'on soit dans une position pareille, les traces du collier ne s'en laissent pas moins apercevoir. C'est moins le fait de l'esclavage qui est pesant que la pensée de l'esclavage. La liberté est une chose plus belle et plus sainte encore comme faculté que comme usage.

J'hésitai donc longtemps ; le besoin seul pouvait me contraindre à prendre un parti. Aujourd'hui, monsieur, que tous mes rêves se sont envolés, je conviens sans peine qu'il eût cent fois mieux valu pour moi aller m'enfouir dans la boutique de bonneterie où le père Paturot m'attendait toujours, plutôt que de devenir publiciste ministériel; mais, alors, j'avais encore l'ambition d'un rôle bruyant, d'une situation en évidence. Je m'étais, d'ailleurs, promis d'éblouir mon oncle, de le rendre fier de son neveu, et il eût fallu retourner vers lui, honteux, confessant mes torts, désappointé, confus. La vanité l'emporta de nouveau, et de deux maux je choisis le plus grand. Encore, ne fut-ce pas sans peine que je parvins à me faire le commensal du budget. Les émargements sont une rémunération si régulière en retour de si peu de besogne, qu'il y a toujours abondance de postulants, même pour des places de censeur. Toutes, d'ailleurs, étaient prises : le bureau de l'esprit public avait également son grand complet; de sorte que, malgré la protection de mon vieillard, je ne trouvais pas une porte qui s'ouvrît devant moi, et pas une case qui ne fût garnie. J'avais donc à la fois, et le regret de m'être offert, et celui de n'avoir pas réussi.

Heureusement, une circonstance exceptionnelle vint me donner un emploi inattendu. On allait faire des élections générales qui motivaient la création d'une nouvelle feuille au service du gouvernement, avec des allures plus vives, moins réservées que celles de ses organes habituels. La rédaction et la gérance de ce journal étaient vacantes; on me proposa au ministère, et je fus agréé. J'avais donc à fonder le *Flambeau*, journal quotidien, recevant les inspirations officielles, les communications des divers ministères. Une subvention suffisante était allouée pour faire marcher la feuille.

J'avais le choix des écrivains qui devaient concourir à la rédaction. C'était une position souveraine à un certain point de vue, et, dans tous les cas, une existence sûre.

A peine eus-je signé mon pacte avec l'administration, que je songeai à mes amis. J'avais besoin d'un compte rendu de l'Académie des sciences : je le conservai pour le docteur Saint-Ernest. Valmont devait me faire une chronique des tribunaux, et Max, le prosateur chevelu, des articles de genre. Depuis que Malvina m'avait entraîné dans le monde du théâtre, j'avais perdu de vue mes anciens collaborateurs, mais une occasion se présentait de les réunir de nouveau, et je m'empressai de la saisir. Il ne me restait plus qu'à les rejoindre, car, dans ce tourbillon de Paris où tant d'existences se mêlent, un tour de roue suffit pour rompre et disperser les relations. C'est au point que j'ignorais même où logeaient alors le docteur, l'avocat et l'homme de lettres qui avaient concouru à la glorieuse apparition de l'*Aspic*. Je pris un cabriolet de remise, et je m'élançai à leur poursuite.

X.

PATUROT PUBLICISTE OFFICIEL. — SON AMI LE DOCTEUR.

Jérôme poursuivit le récit de ses aventures :
Mes recherches furent longues avant de pouvoir retrouver Saint-Ernest. Il me fallut frapper de porte en porte, de logement en logement, suivre pour ainsi dire sa piste. Quatre fois il avait déménagé depuis que nous nous étions perdus de vue, et, dans un in-

térêt facile à deviner, chaque déménagement le transportait d'un pôle à l'autre de Paris. Enfin, rue Saint-Pierre-Montmartre, un bienheureux concierge me répondit :

— Le docteur Saint-Ernest! c'est ici, monsieur, au premier, la porte en face.

Au premier! Saint-Ernest au premier! Je croyais rêver. A coup sûr il avait fait quelque héritage. Lui, docteur novice et dépourvu de toute espèce de malades, se loger au premier et dans une maison magnifique, à six croisées de façade, avec un escalier ciré! c'était à ne pas le croire. Le concierge, en prononçant son nom, avait pris un accent caressant; il s'était montré serviable, honnête. Évidemment une révolution s'était opérée dans la fortune de mon ami. Les journaux venaient de parler d'un étudiant qui avait gagné un château à la loterie de Francfort-sur-le-Mein; peut-être était-ce lui : le sort est si bizarre!

Ces réflexions m'accompagnèrent jusque sur le palier de son logement. La porte était d'un fort beau bois, avec des ornements du meilleur goût, mais dans le panneau le plus vaste et à la hauteur de l'œil se trouvait un écusson fatal, un écusson en cuivre poli qui donnait la clef de ce luxe et expliquait cette soudaine opulence. On y lisait :

CONSULTATIONS GRATUITES.

LE DOCTEUR SAINT-ERNEST, médecin de la Faculté de Paris, maître en pharmacie, professeur de médecine et de botanique, breveté du roi, honoré de récompenses et de médailles nationales, décoré de l'Eperon d'or, de l'Aigle d'argent de Bavière, du Faucon de Bade, et de l'Épervier de Suède; autorisé de toutes les cours de l'Europe; membre des Académies de Pesth, de Cucuron, de Cuba et de Curaçao, etc., etc.

VISIBLE TOUS LES JOURS DE 10 A 4 HEURES.

(*Affranchir.*)

C'en était assez, je comprenais tout : Saint-Ernest s'était fait empirique et charlatan, marchand de panacées, d'onguent pour la brûlure. Autrefois, les industriels de cette espèce endossaient l'habit rouge à galons d'or, se coiffaient du chapeau à panache, montaient dans une calèche en compagnie d'une grosse caisse et d'une clarinette, et allaient offrir leur baume, leur élixir sur les places publiques. Ils opéraient des cures en plein vent, et débitaient le spécifique qui devait guérir la colique ou les maux de reins, au choix des personnes. Aujourd'hui plus rien de pareil : le salon tendu en damas a remplacé la calèche, la publicité la clarinette ; il n'y a plus ni élixir, ni baume, mais le traitement végétal y pourvoit. Rarement les Fontanaroses des carrefours parvenaient-ils à amasser de quoi finir leurs jours dans le village natal; les Fontanaroses à domicile sont des millionnaires : ils ont des hôtels, des maisons de campagne, tiennent table ouverte, donnent à danser. Ce sont les heureux d'un monde où l'argent pèse plus que l'honneur. Que leur manque-t-il ? Electeurs, éligibles, ils seront députés d'un bourg-pourri quand ils voudront s'en passer la distraction. Oui, le traitement végétal entrera à la chambre, soyez-en certain, et peut-être faudra-t-il que le pays reçoive cette leçon pour se convaincre de la nécessité d'une réforme électorale.

La lecture du fatal écusson me fit faire quelques pas en arrière. Que me restait-il à apprendre? que pouvais-je demander à Saint-Ernest? c'était désormais une carrière à part que la sienne; aucune liaison intime ne pouvait plus subsister entre nous. Cependant un sentiment de curiosité me retint; je voulus savoir comment Saint-Ernest, qui ne manquait ni de sens ni d'esprit, s'était laissé entraîner dans une industrie pareille, en limitant sa carrière de son plein gré, en s'interdisant tout avenir de considération et de gloire médicales. Peut-être n'était-il pas engagé sans retour, et quelques conseils d'ami, pressants, désintéressés, suffiraient-ils pour le faire renoncer à cette exploitation de la crédulité publique. Sur cette réflexion, je pressai le bouton de sa porte, et j'entrai. Un domestique à livrée vint à moi, me débarrassa de mon manteau, et m'introduisit dans une salle d'attente. Le docteur était en consultation; on ne pouvait m'introduire sur-le-champ auprès de lui. Je m'armai de patience, et passai en revue les détails du local. La pièce où je me trouvais était richement garnie : les bronzes, les dorures la surchargeaient; le meuble en velours ponceau relevé par des clous dorés avait plus d'éclat qu'il ne témoignait de goût; mais cette apparence de richesse, ces couleurs voyantes étaient parfaitement assorties avec le public qui passait dans ce salon. Une grande table, recouverte d'un tapis vert, occupait le milieu de la pièce, et des prospectus, des imprimés de diverses sortes y étaient étalés. Une station obligée reportait naturellement l'attention des curieux vers ces factums qui tous avaient trait à l'industrie locale, et constituaient autant d'amorces ou directes ou indirectes. Je parcourus ces monuments d'effronterie, et dans le nombre, j'en trouvai d'incroyables.

Voici celui qui intéressait plus particulièrement Saint-Ernest.

LE DOCTEUR SAINT-ERNEST A SES CONCITOYENS.

Avis qu'il faut lire.

« Voici peu de temps que j'ai mis en pratique ma
« méthode curative, et déjà il est universellement
« reconnu que c'est, avec la vapeur, la plus belle
« découverte des temps modernes. La Russie m'a
« fait faire des propositions, mais le patriotisme
« dont je suis animé ne me permettait pas de priver
« la France, la belle France, du fruit de mes tra-
« vaux et de mon génie.

« Aussi, n'ai-je pas été surpris d'apprendre que
« des médicastres cherchent à s'approprier ma mé-
« thode curative. On me vole, on me pille, on me
« dévalise. Sort inévitable des grandes inventions!
« La bande des plagiaires se les arrache ; le trou-
« peau des imitateurs s'en empare. Vous voyez en
« moi une victime de cette intrigue.

« Depuis que j'habite la rue Saint-Pierre-Mont-
« martre, plusieurs guérisseurs sont successivement
« venus dans mes environs tendre leurs piéges à la
« crédulité des malades dont j'avais fixé l'attention.
« Cette manœuvre ne pouvait réussir qu'auprès des
« esprits bornés, et ce grossier charlatanisme ne
« m'inspirait que du dédain. Cependant enhardie

« par mon silence, l'intrigue continue à lever la
« tête, et il faut la démasquer. L'un de ces médi-
« castres plagiaires est venu dresser ses tréteaux
« porte à porte, profitant de ce que la rue Mont-
« martre est voisine de la rue Saint-Pierre-Mont-
« martre. Abusant de l'erreur d'un malade insou-
« ciant qui se trompe d'adresse, il s'est même em-
« paré de mes écrits, a copié mes prospectus ; et,
« se prétendant docteur de toutes les facultés, aca-
« démicien, professeur, il les distribue de sa propre
« main dans Paris et dans la banlieue. Je dénonce
« au procureur du roi de Paris cette violation fla-
« grante de la propriété.

« Le fait est que mon domicile est plus que ja-
« mais rue Saint-Pierre-Montmartre (ne pas confon-
« dre), et que le public, dont on insulte la bonne foi,
« m'y trouvera tous les jours, de dix à quatre heu-
« res. Je lui conseille d'éviter ces piéges que l'un
« de mes clients a justement caractérisés de *guet-
« apens*, et de bien prendre note de mon nom et de
« mon adresse. »

A la suite de cet exposé, le docteur Saint-Ernest
énumérait les maladies justiciables de sa méthode
curative. Comme on le devine, rien ne se dérobait
à l'action souveraine de cette panacée ; et, par respect pour vos oreilles, je m'abstiendrai de nommer
les impuretés dont ce prospectus contenait l'énumération.

Voilà le métier que faisait Saint-Ernest. Monsieur, la police de Paris a dans ses attributions la
grande et la petite voirie ; elle est chargée de nous
débarrasser des immondices qui obstruent nos places

et nos rues, et voici des industriels qui peuvent, sans qu'elle l'empêche, nous poursuivre de leurs spéculations infectes, inonder nos domiciles de prospectus impurs, les faire distribuer sur la voie publique, tapisser les murailles de mots et d'images obscènes, dévoiler le mal en proposant le remède, attirer la curiosité des enfants vers des choses qu'ils apprendront, hélas! trop tôt. Vraiment, à voir le nombre toujours croissant des empiriques, la position qu'ils prennent et la nature des offres qu'ils font au public, ne dirait-on pas que nous vivons dans une léproserie immonde, au milieu d'une population cariée jusqu'à la moelle des os!

Parmi les pièces étalées sur la table du docteur, on en pouvait lire de plus récréatives que son prospectus. Dans le nombre, j'en remarquai une surtout dont la conclusion était des plus originales. En voici quelques extraits :

L'ESCULAPE DE L'UKRAINE

ou

MÉDECINE A LA TARTARE [1].

« Le docteur Chikapouff, médecin-praticien des
« bords du Don, fait connaître généralement à tous
« les citoyens de cette capitale et de la France en-
« tière, comment il a prouvé, au moyen des soins
« qu'il a donnés, dans l'espace de trois mois, à en-
« viron cent cinquante incurables et par conséquent
« abandonnés par tous les médecins de la ville, et

[1] Tout ce qui suit est textuel. Le nom seul a été changé.

« que les hôpitaux même ont expulsés ne pouvant
« arriver à la guérison desdits incurables ; que lui,
« Chikapouff, avait pénétré dans le vrai de la mé-
« decine, et que, par un nouveau procédé, guéris-
« sant ce qui avait été inguérissable jusqu'alors,
« donnant ainsi un démenti formel à tous les hommes
« de l'art ; pour tout dire, enfin, que lui, Chika-
« pouff, avait triomphé de tous les obstacles, au
« point de pouvoir dire : *L'humanité a gagné sa
« cause, et tant de maux ne décimeront plus désor-
« mais la société humaine!* Preuve, les cent cin-
« quante malades entrepris par l'exposant, desquels
« pas un seul n'a péri !

« Rien ne manque à Chikapouff pour mieux prou-
« ver la réalité des faits qu'il dénonce courageuse-
« ment à la face du public que l'appui tout-puissant
« des hommes qui sont au pouvoir. Que, dans l'in-
« térêt de la sainte cause de l'humanité et de la leur
« individuellement, ils veuillent autoriser le sieur
« Chikapouff à entreprendre un grand nombre de
« malades *incurables* de toute espèce que le gouver-
« nement ou la faculté de médecine concentrerait
« dans l'un des nombreux hôpitaux de la capitale,
« où le sieur Chikapouff stationnerait pour admi-
« nistrer les remèdes qui lui appartiennent, et qui
« sont le fruit de longues et pénibles recherches, et
« pour surveiller les traitements, comme directeur
« de cet hôpital *spécial*.

« Refuser à Chikapouff le moyen de rendre la vie
« à tant de malheureux, d'alléger la société des maux
« qui l'accablent et la déciment, et baser ce refus
« sur l'injuste et inadmissible motif que Chikapouff

« n'est pas un médecin théoricien, comme le veut
« la loi enfantée par la faculté de médecine, il y au-
« rait de la barbarie, chose qui ne doit pas exister
« sous l'empire de toutes les régénérations du dix-
« neuvième siècle.

« Chikapouff est âgé de cinquante-trois ans. Il
« exige, en échange de la richesse qu'il apporterait
« annuellement au trésor de l'administration des
« hospices, pour avoir réduit et comprimé les frais
« et le mal, qu'il lui soit payé par ladite adminis-
« tration des hospices, sa vie durant, les 10 pour 100
« des capitaux économisés d'année en année ; et si
« une telle proposition n'est pas conciliable avec la
« nature du fait dénoncé publiquement par moi Chi-
« kapouff, l'auteur de la proposition s'en rapporterait
« à la générosité du gouvernement et de l'adminis-
« tration des hospices. Dès aujourd'hui Chikapouff
« se met à la disposition du gouvernement et de la
« faculté de médecine.

« Les hommes qui ont le pouvoir d'accepter et
« qui n'accepteraient pas la proposition de Chika-
« pouff, ces hommes trahiraient la sainte cause de
« l'humanité, et l'on pourrait leur dire avec raison :
« *Vous voulez que le mal règne et se perpétue dans*
« *la société ; vous voulez voir vos familles décimées*
« *par le fléau du mal ; vous vous plaisez enfin à*
« *subir le martyre et à éprouver sans cesse les an-*
« *goisses de mille morts prématurées.*

« Ivan Chikapouff. »

Temps nécessaire pour guérir les maladies suivantes :

« Les fièvres intermittentes . . . . 1 jour.

(Ces maladies sont ordinaires lorsque, dans l'été, il arrive de voyager ou de passer près des lieux marécageux et autres endroits méphitiques.)

« La phthisie ordinaire. . . . . 8 jours.
« La phthisie du premier au deuxième degré. . 20 id.
« La phthisie au troisième degré . . . . . 30 id.
« La teigne sans enlever un seul cheveu . . . 15 id.
« L'épilepsie. . . . . 30 id.
« L'asthme le plus invétéré . . . . 15 id.
« La folie la plus dévergondée. . . . . . . 8 id.
« Les tumeurs quelconques . . . . 30 id.
« Les inflammations des yeux. . . . . . . 1 id.

(Combien il est utile aux armées, spécialement dans l'été, quand elles font des marches forcées dans les moments de guerre, d'obtenir une aussi prompte guérison.)

« La diarrhée la plus obstinée . . . . . . 1 jour.

(Cela arrive aux armées dans les voyages forcés, soit en été, soit en hiver. Napoléon a perdu une grande armée en Égypte à cause de cette maladie.)

« La migraine invétérée . . . . 1 heure.
« Les douleurs de tête. . . . . 1 minute.
« Le rhumatisme . . . . 1 heure.
   — nerveux. . . . . 15 jours.
« La gangrène . . . . 1 id.
« La goutte. . . . . 1 id.
« Les varices. . . . . 15 id.
« Les palpitations de cœur. . . . . 15 id

Au bout de cette nomenclature un plaisant avait ajouté, à la plume, comme bouquet, les deux articles suivants :

« Les pendus. . . . . 1 minute.
« Les guillotinés . . . . 1 seconde.

« Nota bene. Le sieur Chikapouff s'engage, à la volonté des go

« vernements, et sous leur garantie, d'aller porter ses remèdes dans
« toutes les parties du monde, afin de guérir et détruire la peste et
« toutes autres maladies dangereuses, s'offrant personnellement res-
« ponsable des résultats qu'il assure. »

Cette pièce bouffonne n'était pas la seule, monsieur, qui fût étalée sur cette table. Saint-Ernest n'était ni envieux, ni jaloux : il donnait l'hospitalité aux publications de ses confrères. Je trouvai là les éléments d'une guerre civile entre le copahu et le poivre cubèbe : des mémoires pour et contre avaient été lancés, et les expressions ne m'en parurent pas complétement parlementaires. Le poivre cubèbe disait dans son exorde : — Le copahu n'est qu'un vil intrigant; et le copahu répliquait : — J'ai déjà prouvé au cubèbe qu'il n'est qu'un drôle. A côté des deux astringents qui se gourmaient ainsi gisait la série des inventions aspirantes et refoulantes, toute l'hydraulique de la médication usuelle et intime. Dieu sait sur combien de tons chante cet orchestre, et que de tuyaux divers compte l'orgue des rafraîchissements internes ! L'habileté humaine semble s'épuiser dans les modes de distribution de cette rosée! Chaque jour c'est un nouveau détail, un perfectionnement inattendu. Plongeants, continus, mobiles, verticaux, obliques, combien en voilà coup sur coup, et, certes, ceux qui aiment cette note doivent être dans le ravissement.

Je ne m'arrêtai pas à ces révélations hydrodynamiques : une brochure venait de frapper mes yeux. C'était une pièce de vers. L'usage s'est répandu, monsieur, parmi les poëtes, de venir au secours des Chikapouff et des Saint-Ernest, pour célébrer des maladies, des topiques, des moyens de médication. Oui, la Muse en est là : elle a accepté la collaboration de la Clinique. On va mettre les fièvres en couplets, les gastrites en dithyrambes. Je ne vous parle pas du reste : il est des mots qui demeurent exclus du vocabulaire des gens de goût. La brochure qui me tomba sous la main était une *Épître au Vésicatoire!* C'était à la portée de tous les âges et de tous les sexes. Jugez-en plutôt.

« Permets-moi d'être ici le chantre de ta gloire,
« Noble dérivatif! puissant vésicatoire,
« Pour qui le pharmacien, nommé Leperdriel,
« Créa des serre-bras plus légers qu'Ariel.
« Non! tu n'engendres point un tourment sédentaire
« Comme le fait, hélas! l'implacable cautère;
« Tu n'as pas les rigueurs de l'austère séton,
« Qui larde les humains de mèches de coton.
« Avec un simple apprêt de toiles vésicantes
« Tu fais sortir du corps bien des humeurs peccantes,
« Et sous l'abri sauveur du plus mince oripeau,
« Tu soulèves le derme et fais gonfler la peau.
« Qui ne connaît à fond ton emploi domestique,
« Magique révulsif, aimable epispastique!
« Que de fois une mère, aux bras de ses enfants,
« Appliqua ces papiers, emplâtres triomphants,
« Qui, sur des corps chétifs et sur des chairs arides,
« Mordent par la vertu de quelques cantharides. »

Tel était le début du premier chant : je ne saurais vous dire, monsieur, de quoi se composait la table des matières; vous pouvez facilement y suppléer. J'en étais là de mes lectures, quand un léger bruit qui se fit dans la pièce voisine me donna à penser que la consultation du docteur tirait à sa fin et que j'allais être introduit. En effet, l'une des portes latérales s'ouvrit, et Saint-Ernest parut en robe de chambre avec un air digne, sérieux, compassé, que je ne lui avais jamais vu. Quand il m'eut reconnu et qu'il se fut assuré que j'étais seul dans la pièce, ce masque tomba :

— Tiens, c'est toi, Jérôme, me dit-il en me prenant familièrement par le bras : que ne te nommais-tu ?

— Je te croyais en affaires.

— Bah ! répliqua-t-il, il y a plus d'une heure que je suis seul.

Et il m'entraîna en riant dans son cabinet.

XI.

SUITE DU CHAPITRE PRÉCÉDENT.

Le cabinet où m'introduisit Saint-Ernest, reprit Jérôme, était fort agréablement meublé ; mais un singulier ornement frappait la vue dès qu'on y mettait les pieds. Des médailliers à glaces, montés avec soin, étalaient des pièces anatomiques en cire, figurant les diverses phases des maladies sans nom qui dévorent l'humanité. Cette exhibition provoquait on ne saurait dire quelle crainte, quel dégoût involontaire. Les malheureux qui venaient là pour confesser leurs douleurs devaient en être remués jusqu'au fond des entrailles. La terreur exclut la lésinerie : tel était sans doute le calcul du docteur, qui connaissait ses justiciables. Il arrachait ainsi à ses patients un tribut forcé, comme autrefois on arrachait des aveux aux criminels par le spectacle des apprêts de la torture.

A peine fûmes-nous entrés dans ce sanctuaire de l'empirisme que me tournant vers Saint-Ernest :

— Comment! toi aussi? lui dis-je.

— Oui, Jérôme, *tu quoque*, moi aussi : les destins l'ont voulu! *sic fata voluere*, me répliqua-t-il. J'ai donné dans le Van-Swiéten et dans le bol d'Arménie; j'ai inventé une drogue, et je la débite.

— Est-il permis, Saint-Ernest, de plaisanter de choses pareilles? Toi, docteur d'hier, tu romps avec le corps médical, tu méconnais ton grade pour descendre au niveau des marchands de vulnéraire suisse?

— Fallait-il aller à Clichy, mon cher? M'en aurais-tu tiré, toi qui me sermonnes? La vie est une loterie; j'y ai pris ce billet-là. Quand on ne peut pas mourir pauvre comme un Broussais, on fait sa fortune comme un Leroy.

— Tu étais jeune, tu pouvais attendre, Saint-Ernest. La célébrité ne vient pas en un jour.

— Et les gardes du commerce auraient-ils attendu? Jérôme, tu ne connais pas ton siècle : il est peu casuiste. Qu'on soit riche, c'est tout ce qu'il veut. A t-on jamais demandé aux millions d'où ils viennent, s'ils sont le fruit de cinq ans de prison passés à la Conciergerie, s'ils se composent de la dépouille des joueurs ruinés au biribi ou à la roulette, s'ils dérivent de dépêches télégraphiques exploitées dans la primeur, de négociations d'emprunt pour le compte d'Etats obérés, de remboursements américains, de vaisseaux de carton, de fournitures sans contrôle, d'adjudications sans concurrence, de commandites imaginaires, de banqueroutes particulières ou publiques? Les millions sont là, c'est l'essentiel. Pourvu que le code pénal n'ait rien à y voir, le monde les respecte sans s'inquiéter quelle en est l'origine. Soyons donc riches, et nous serons toujours assez considérés.

— Saint-Ernest, tu fais le fanfaron de vice.

— Non, Jérôme, j'ai tout raisonné. Tu as pu voir ce qu'il en est de la profession de médecin. L'encombrement y est grand et le succès difficile. On court vingt ans après une clientèle, et le travail arrive à l'âge où il faudrait se reposer. Qu'irai-je faire dans cette foule où l'on se coudoie? affronter la chance laborieuse des concours; concours pour un hôpital, concours pour une chaire; monter ainsi d'échelon en échelon, me tuer pour avoir le droit de guérir les autres? C'est un métier de dupes, Jérôme!

— C'est-à-dire que tu aimes mieux faire ton chemin par le charlatanisme.

— Le charlatanisme, voilà un singulier mot. Et dis-moi, Jérôme, où il n'est pas, le charlatanisme? C'est du plus au moins seulement. Dans notre état, par exemple, veux-tu que je te fasse la récapitulation des charlatans?

— Tu vas arranger cela à ta manière.

— Non, je n'exagérerai rien : d'ailleurs, les exemples sont là. On voudrait inventer, mon cher, qu'on resterait au-dessous de la réalité.

— Eh bien, je t'écoute.

— Je ne te parlerai pas, Jérôme, des petits stratagèmes fréquents entre docteurs pour se supplanter mutuellement, pour soulever la clientèle des grandes maisons. C'est l'histoire de tous les métiers, et le nôtre ne saurait faire exception. Il est inutile aussi de recommencer, après Molière, la liste des déceptions de notre art, de ces affections imaginaires entretenues avec le plus grand soin, de ces ordonnances inoffensives, mais inertes, multipliées dans l'intérêt et quelquefois avec la complicité du pharmacien; de ces consultations fantastiques où il est question de tout, excepté du malade; de ces opérations aventureuses où la vie d'un homme sert d'enjeu à la gloriole du praticien. Tout cela n'est pas nouveau : oublions-le. Négligeons aussi cette invention plus moderne de bals et de concerts donnés à une clientèle ou convoitée ou acquise, et les festins, ornés de vins mousseux, qui réunissent de loin en loin les dispensateurs de l'éloge et les organes de la publicité. C'est du charlatanisme, sans doute, mais celui-là n'a jamais tué personne.

— Au contraire.

— Nous voici aux véritables charlatans. D'abord les homœopathes. Tu ne connais pas, Jérôme, la médecine atomistique, la médecine des semblables. Se mettre nu pour se garder du froid, se couvrir de fourrures contre la chaleur, se jeter au feu pour se guérir d'une brûlure : c'est, comme tu le vois, le procédé de Gribouille élevé à la hauteur d'une théorie. Un homme a la fièvre : le remède est indiqué; il faut lui administrer ce qui la lui donnerait s'il ne l'avait pas. *Similia similibus*. Mais comment administrer la drogue? voilà où est la découverte. Les onces, les gros, ancien style; les décagrammes, nouveau style, sont supprimés : il n'y a plus que des millionièmes. Tout médicament se dose par millionièmes ; moins il y en a, plus il agit, d'après la logique de tout à l'heure. Qu'en résulte-t-il? un avantage immense, celui de concentrer la nature entière dans une boîte portative, de favoriser le cumul de la pharmacie et de la médecine, du remède et du conseil, de la potion et de l'ordonnance. Que les paralytiques marchent, que les sourds entendent, que les pulmoniques respirent ; avec un simple atome, tous ces miracles vont s'opérer. Seulement, il importe que l'atome soit spécifique, parfaitement préparé, consciencieusement pesé, et pour cela il faut qu'il sorte de la boîte du docteur. Coût : quinze francs l'atome, cinq francs la visite. Total, vingt francs. Lâchez le napoléon, et le tour est fait. Vous êtes guéri par la méthode des semblables, et vous rendez heureux l'un de vos semblables.

— Mais tu me cites des exceptions, Saint-Ernest.

— Des exceptions! elles dominent la règle. Aux magnétiseurs, maintenant. Avec quel organe lis-tu, Jérôme?

— Belle question! avec les yeux.

— Ancien procédé : nous avons changé cela. Quand tu le voudras, je te ferai connaître d'intéressants sujets qui voient l'heure par l'estomac, et, pour leur agrément particulier, lisent par l'épine dorsale. On se soulage ainsi la vue. Ce n'est pas tout : le magnétisme applique au corps humain cette méthode de lecture. Il ouvre les individus, les feuillette jusque dans le moindre recoin, et dresse la carte de leur intérieur avec une précision fabuleuse. Ordinairement, c'est une simple jeune fille, une villageoise naïve qui se livre à cette autopsie intuitive sur la nature vivante. L'enfant des champs dort du sommeil magnétique, et y puise le don de la technologie médicale, la connaissance des simples, la science du *Codex*, enfin des particularités thérapeutiques et pathologiques qui font crier au miracle. Où a-t-elle appris ces secrets de l'art, la pauvre innocente? Qui lui a révélé le diagnostic et dévoilé les formules? Il ne s'agit plus d'atomes cette fois, mais de fluide. Il y a échange de fluide, et cela suffit pour communiquer à l'intelligence la plus grossière une faculté de seconde vue. Quelques passes, quelques attouchements opèrent la transfiguration. Plus de baquet de Mesmer, ni d'ustensiles de ce genre : la médication magnétique a renoncé à la batterie de cuisine. Cela est simple comme bonjour, et supprime toute étude et tout travail. Prenez donc vos grades, aspirez à devenir membre de la docte faculté, pour vous voir éclipsé par une Gothon qui ne sait pas lire, si ce n'est dans le corps humain. Luttez avec vos yeux contre des sujets qui changent leurs doigts en verres translucides et leur estomac en binocles, qui devinent un tempérament sur une mèche de cheveux, suivent un homme à deux cents lieues de distance, pénètrent dans la pensée et s'établissent d'une manière souveraine dans les replis du cœur. Conclusion : il n'y a plus d'autre médecine possible que le magnétisme; l'univers appartient à la science du fluide animal et aux initiés qui possèdent l'art d'endormir le public. Et de deux!

— Soit; je passe condamnation sur ceux-là.

— Arrivons aux phrénologues : c'est encore une nuance. La phrénologie embrasse un plus vaste dessein ; elle poursuit l'identification du monde moral et du monde physique. C'est le crâne qui nous fait courageux, aimables, bons, moraux, incorruptibles. Si la vertu descendait sur la terre, elle prendrait son siége dans les protubérances. Donnez au phrénologue le crâne d'un homme, et il vous dira ce qu'il est. Portez-lui toute saignante la tête d'un supplicié, et à l'instant il vous fera toucher du doigt la bosse du crime. Voilà son ambition, voilà sa gloire. Une supposition : un homme est curieux de connaître les facultés qui le distinguent ; il se rend chez un phrénologue et lui dit : Prenez ma tête et jugez-moi. Celui-ci accepte l'offre et promène ses doigts sur la pièce de conviction avec une gravité scientifique. Quand il a bien vérifié l'objet, constaté les dépressions et étudié les éminences : « Monsieur, dit-il, voici une saillie qui me laisse croire que vous avez du penchant pour le vol. » Naturellement le visiteur se révolte ; mais le savant ne s'en émeut pas. « Oui, monsieur, ajoute-t-il, et en tenant compte de ce brusque enfoncement, vous iriez même au besoin jusqu'à l'assassinat. Du reste, vous devez être gourmand, jaloux, brutal, et même un peu ivrogne. Voilà ce que m'indique parfaitement votre périphérie osseuse. » Telles sont les aménités de la phrénologie. Le crâne est une ruche où les péchés capitaux et les vertus théologales ont leurs cases assignées : ici la sobriété, là l'intempérance ; la probité à deux lignes de l'escroquerie ; la galanterie près de la fidélité. L'équilibre des diverses cases constitue l'ensemble des qualités, des facultés, des sentiments de l'individu. Vive Dieu! comme cette découverte simplifie le gouvernement des races humaines! Avec un bureau des bosses humaines, la police s'exerce à coup sûr, et la justice n'est plus que l'examen des boîtes osseuses. Les aptitudes sont tout de suite connues, les penchants signalés, et chaque année le prix Monthyon va chercher la plus belle protubérance du royaume dans la case du cerveau qui répond au mot de vertu. Tout se mesure au compas, et l'on moule les plus beaux crânes pour l'instruction de la postérité. Et de trois!

— Le tableau est un peu chargé, mais n'importe.

— Nous ne sommes pas au bout, Jérôme. Voici les hydropathes, nouvelle invention, école de Priessnitz l'Allemand. En tombant du haut d'une montagne, mon brave Priessnitz se brise trois côtes, et il invente l'hydropathie, c'est-à-dire l'art de guérir les humains avec de l'eau claire. L'eau claire, dont on n'avait pas jusqu'ici apprécié l'importance, reprend tout à coup le rang qui lui est dû. Priessnitz l'applique d'abord à sa charpente détériorée et se confectionne une membrure neuve à l'aide de l'élément méconnu, puis il étend si bien cette invention, qu'aucune maladie ne lui échappe. L'humanité a trouvé dans l'eau claire une nouvelle vie; l'essentiel est de la servir à froid, en douches, en bains, en couvertures mouillées, en boissons et en lotions. Des savants ont avancé que l'homme, dans les temps primitifs, tenait un peu du canard : si Priessnitz réussit, cette hypothèse pourra redevenir une vérité. Hors de l'eau claire, plus de salut! Et de quatre!

— Ceci, Saint-Ernest, est encore peu répandu. Où sont les hydropathes?

— Je t'en citerai alors qui ont plus de célébrité; par exemple, les aigles de la médecine légale. Voilà des chimistes infaillibles et bien rentés : on leur apporte un linge taché de sang : « Ceci, disent-ils, est du sang de femme, du sang de jeune homme, ou de vieillard, ou d'homme fait; » le tout avec un imperturbable aplomb et au risque de laisser la vie d'un pauvre diable au fond de leur cornue. Pour l'empoisonnement par l'arsenic que n'ont-ils pas essayé? Un instant on a pu croire que la race des caniches allait disparaître; la consommation en devenait effrayante. Trente caniches par jour, voués d'heure en heure à la boulette vénéneuse, à la chaudière d'eau bouillante et à l'appareil de Marsh! Quelle moisson de victimes offertes au problème de l'intoxication et des taches arsénicales! Mais les grandes gloires ne se font qu'ainsi; il faut joncher le terrain de morts pour devenir le héros des réactifs et l'oracle des cours d'assises.

— Vraiment, tu n'épargnes personne.

— Mon cher, il y a un peu de jonglerie partout, en haut comme en bas de l'échelle. Nous jouons une comédie où chacun choisit son rôle : je n'ai pas voulu de celui de niais. C'est une spécialité trop ingrate, et, d'ailleurs, elle est prise. J'aurais pu abonder dans la lithotritie, qui est un charlatanisme assez récent, travailler le corps humain comme un puits artésien, inventer mon petit système de ferraille, broyer ou percuter, me bâtir une réputation européenne avec mes extractions, lutter enfin, réussir et marquer ma place. Je ne l'ai pas voulu, ce rôle d'opérateur est trop chanceux. J'aurais pu me faire embaumeur et courir la pratique; orthopédiste et disloquer des corps; strabiste et déranger des yeux; renouveler le miracle de saint Denis et rajuster la tête d'un mouton après la lui avoir coupée; obtenir un déplacement artificiel du sang au moyen de la machine pneumatique; enfin me lancer dans une de ces mille innovations qui font leur chemin par le bruit, s'imposent à l'aide d'une notoriété coûteuse, mais n'ont jamais des racines profondes dans le public. Entre les divers charlatanismes, j'ai préféré celui qui offre les chances les plus étendues et les plus constantes. J'ai pour moi la jeunesse et le plaisir, deux éléments de succès aussi vieux que le monde, et qui ne le quitteront pas de sitôt.

— Tu te fais anacréontique, Saint-Ernest : c'est pour me gagner. Tu te souviens que je suis un homme de style.

— Non, mon cher; mais je ne comprends pas pourquoi l'on nous jette la pierre. Tu viens de voir si nous sommes les seuls à exploiter la crédulité publique. Eh bien, c'est sur nous principalement qu'on se déchaîne. Nous sommes des parias, des excommuniés. Quel mal faisons-nous, après tout ? Nos consultations sont gratuites.

— Et où est alors votre bénéfice ?

— Quelques drogues de dix, quinze, vingt francs ; une misère. Ce n'est pas plus mauvais que chez le pharmacien : seulement, c'est beaucoup plus cher.

— Saint-Ernest, repris-je alors, je t'ai écouté jusqu'ici sans t'interrompre. Tu as pu croire que j'étais converti à tes idées : détrompe-toi. Quel que soit le siècle où l'on vive, quelque compromise que puisse être une profession, l'honnête homme ne se détourne pas du chemin du devoir. Rien ne peut justifier le déshonneur, ni l'excuse du besoin, ni la tentation de l'exemple. Comme les anges déchus, tu as calomnié ce qui t'entoure, tu voudrais prouver que tout le monde s'est donné à Satan. Il n'en est rien : le corps médical compte encore plus de cœurs dévoués, plus de belles âmes que tu ne le dis, que tu n'affectes de le croire. Ce qu'une profession renferme de plus pur est précisément ce qui se voit le moins. Dans une population aussi considérable, au milieu de tant d'angoisses et de douleurs, le mal frappe les yeux, les bonnes œuvres restent ignorées. Pendant que tu spécules ici sur les fruits du vice, plus d'un jeune confrère va s'asseoir au chevet de l'ouvrier, le soigne, le console, l'aide de sa bourse quand il peut. D'autres poursuivent dans les hôpitaux et les amphithéâtres l'étude des mystères de la vie, et cherchent à pousser la science au delà des limites qu'elle a atteintes. Crois-le bien, Saint-Ernest, ce n'est pas une bonne vie que celle où tu t'es engagé. S'il en est temps, renonces-y : tu as du savoir et de l'activité, il est impossible que tu ne parviennes pas. Mais, de grâce, tire-toi de cette fange.

— Tu prêches comme un dominicain, Jérôme ; l'abbé Lacordaire serait jaloux de toi. Mon bon ami, chacun son métier. Fais des sermons, moi je fabrique des juleps.

— Décidément tu ne veux pas rompre avec cette ignoble industrie ?

— Impossible, mon cher, ma signature est donnée. Viens avec moi, ajouta-t-il en me prenant par le bras, je vais te faire voir nos magasins, notre pharmacie. Nous ne sommes pas des industriels de second ordre : nous manipulons en grand. On drogue le public ici, mais on le drogue en conscience.

Je n'avais plus à insister : évidemment Saint-Ernest avait pris son parti. Après un coup d'œil rapide jeté sur son établissement, je le quittai plein de regret de n'avoir pas réussi, et décidé à apporter désormais une grande réserve dans nos relations.

XII.

PATUROT PUBLICISTE OFFICIEL. — SON AMI L'HOMME DE LOI.

En quittant le laboratoire de Saint-Ernest, poursuivit Jérôme, je me mis à la recherche de Valmont. De tous les collaborateurs de l'*Aspic*, celui-ci s'était montré le plus sensé, le plus grave. Associé à nos illusions sans les partager, il n'avait jamais considéré cette époque de sa vie comme sérieuse, et probablement il avait pris depuis lors un parti définitif au sujet de sa carrière. Je tenais beaucoup à le revoir, car c'était à la fois un garçon d'un commerce sûr et un homme d'un bon conseil. L'étude du droit lui avait donné l'habitude de peser le pour et le contre, et d'appliquer à sa propre conduite cette méthode de controverse. En toutes choses, il ne se déterminait que d'une manière dogmatique et n'accordait rien à l'entraînement. C'était un esprit essentiellement réfléchi, calculateur et pointilleux, qui apportait dans ses entretiens la méthode d'un mémoire à consulter, et ne quittait un sujet qu'après en avoir épuisé les éléments.

Je cherchai Valmont au Palais de justice, je demandai son adresse aux avoués, je consultai le tableau des stagiaires, rien ne me remit sur sa trace. Le hasard seul m'apprit qu'il s'était, depuis un an, enterré dans l'étude d'un notaire. Cependant il avait eu quelques succès de plaidoiries; ses jeunes confrères de la conférence n'en parlaient qu'avec les plus grands éloges; on regrettait de tous côtés qu'il eût quitté le barreau, où immanquablement il se serait assuré une belle position. Le premier jour où on lui donna la parole, il l'avait gardée pendant trois heures, ce qui est au Palais un signe de force : encore quelques essais, et il aurait pu plaider cinq heures durant, sans faiblir, sans demander grâce. Or, cinq heures consécutives, soutenues d'un seul trait, semblent être la limite de l'art oratoire, les colonnes d'Hercule de la discussion judiciaire. Deux heures d'haleine constituent l'avocat médiocre, cinq heures, le parfait avocat. On pourrait évaluer de tels mérites avec le dynamomètre. Heureux les poumons favorisés, ils sont sur le chemin de la gloire et de la fortune.

Avec les indications que l'on me donna je parvins à rejoindre Valmont. L'étude dans laquelle il travaillait était l'une des meilleures de Paris. Quand j'y entrai, toute la cléricature achevait gaiement un déjeuner frugal en se livrant à des espiègleries d'assez mauvais goût vis-à-vis du petit clerc, le souffre-douleur du lieu. Valmont m'aperçut, imposa silence à ses subordonnés, et me conduisit dans la pièce où se trouvait son bureau. Il était deuxième clerc de l'étude, heureux de son sort, l'ayant préféré à tout autre, par goût comme par calcul. Évidemment, notre jeune stagiaire n'avait dû se déterminer qu'avec sa logique habituelle, et j'étais jaloux de savoir comment, aux honneurs bruyants du barreau, il avait préféré cette condition plus obscure. Je l'interrogeai là-dessus.

— Mon cher Jérôme, me dit-il, il existe ici-bas une illusion bien fâcheuse : c'est que le titre d'avocat équivaut à une profession. Les familles font à l'envi de grands sacrifices pour pousser les enfants jusquelà. Les plus belles années du jeune homme, les épargnes de la maison s'y engloutissent, et qu'en reste-t-il ? le droit de porter la robe et la toque, de s'essayer aux joutes de la conférence, de figurer sur l'interminable tableau qui décore les salles d'audiences du ressort. Voici quatre ans bientôt que j'ai pris mes grades et marqué ma place parmi les débutants.

— Je le sais, Valmont, on vous rend justice parmi vos confrères ; on a su apprécier ce que vous valez.

— Eh bien ! Jérôme, dans quatre ans il m'a été impossible d'obtenir une affaire, d'avoir un seul dossier. Je ne suis ni plus paresseux, ni plus fier qu'un autre : j'ai vu, j'ai sollicité les avoués, qui sont les dispensateurs des procès ; ils ont tous des avocats à leurs gages, et cumulent ainsi les bénéfices des deux professions. J'ai visité successivement les présidents des assises, afin d'obtenir quelques nominations d'office dans les procès criminels : ils ont leurs protégés, que soutiennent des noms élevés dans la magistrature et des recommandations puissantes. Repoussé de deux côtés, j'ai encore réduit mes prétentions, j'ai suivi les audiences de la police correctionnelle, espérant y trouver un accusé sans défenseur, et me signaler par une improvisation triomphante. Vain espoir! la police correctionnelle est envahie comme le reste : les avocats des prisons ne laissent pas toucher à leur clientèle. Ils connaissent d'avance le travail du jour, et vont relancer les prévenus jusque dans les cachots. Ainsi, tout est pris d'assaut, civil, criminel, correctionnel ; il n'y a plus de place à aucune barre ; dix années d'attente et de postulation ne suffisent pas pour assurer du travail. Mon cher Jérôme, croyez-moi bien, c'est la plus ingrate des carrières.

— Si elle est comme vous le dites, Valmont, il est certain que la perspective n'est pas engageante.

— Plus nous irons, moins ce sera tolérable. Sur mille avocats, à peine en compte-t-on quarante qui prospèrent. Là, comme partout, les gros poissons dévorent les petits. Trois ou quatre cabinets battent monnaie et dépassent quatre-vingt mille francs de produit ; c'est vendre cher la parole. Dix autres roulent entre trente et soixante mille francs, et ainsi de suite jusqu'au fretin. Quand un titre politique s'attache au nom, l'éloquence est plus chère, il faut payer l'auréole. On sait, à quelques francs près, le tarif des aigles du barreau : pour la même affaire, c'est mille francs chez l'un, deux mille, trois mille francs chez l'autre. En matière criminelle, on passe même des conventions aléatoires : par exemple, cinq mille francs si la tête reste sur l'échafaud, trente mille francs si elle y échappe, ce qui fixe le prix de la tête, marché ferme, à vingt-cinq mille francs. Dans des cas pareils, l'avocat intéressé au succès sert naturellement ce qu'il a de mieux : il s'identifie avec son client, il se passionne, il va jusqu'aux larmes. C'est ce qu'on appelle la plaidoirie avec prime ; elle est le privilége des célébrités.

— Et les autres, que leur reste-t-il, Valmont ?

— Il leur reste, Jérôme, la compassion des avoués. L'avocat de second ordre est à la merci des hommes de procédure. Quand le choix du défenseur dépend de l'agent instrumentaire, à l'instant la plaidoirie est mise au rabais. Souvent même les procès s'enlèvent à l'enchère, on se les dispute, on en fait trafic ; on cède le plaideur, on vend la clientèle, comme s'il s'agissait d'une marchandise. Nous vivons sous le règne des gens d'affaires.

— Il fallait alors devenir avoué, Valmont, puisque c'est l'avoué qui occupe la position souveraine.

— J'y ai songé ; mais la profession a d'autres écueils. Le prix élevé des charges a rendu le poste difficile à tenir. Mon bon Jérôme, j'ignore vers quel avenir nous marchons, mais il ne se présente pas sous de beaux auspices. Dans le cours de quarante ans, les offices ont presque décuplé de valeur, et l'on ne saurait prévoir où s'arrêtera cette hausse. Les situations privilégiées sont des abris commodes pour la nonchalance et la médiocrité : les heureux du siècle s'y réfugient. Mais là aussi une expiation se prépare, et vous voyez déjà le sol se joncher de victimes. On ne rougit pas de demander aujourd'hui d'un office d'avoué, trois cent, quatre cent, cinq cent mille francs. Qui paye l'intérêt de ce capital énorme? Hélas! le client, que l'on exploite de toutes les manières, malgré les tarifs, malgré la taxe du tribunal, en dépit des précautions que la loi a prises pour protéger les plaideurs. Mon Dieu! n'accusons pas trop les hommes, c'est la position qui est mauvaise. Il faut trouver, avant tout bénéfice, trente à quarante mille francs de frais que supporte le titulaire, tant en intérêts qu'en débours, et sa part à lui n'arrive que lorsque ce prélèvement est fait. On veut être honnête, sincère, désintéressé, on ne le peut pas; le poste est écrasant pour tout homme qui n'y est point arrivé avec ses propres deniers, et qui voit toujours suspendu sur sa tête le chiffre de l'emprunt ou du restant de prix auquel il est redevable de l'investiture.

— En effet, ce n'est pas là une possession sérieuse.

— Malgré ces inconvénients, j'en aurais couru les chances comme un autre, si je n'avais dû perdre à cela un de mes avantages les plus précieux. Vous le voyez, Jérôme, je suis assez joli garçon : je mets de côté une modestie puérile. Comme agréments extérieurs, la nature m'a assez bien pourvu : taille, figure, tournure, tout peut s'avouer. Ma naissance est convenable aussi; nous sommes de bonne noblesse de province. Eh bien! tout cela, dans une étude d'avoué, est enfoui. On ne demande à un procureur aucune des qualités de l'homme du monde : qu'il sache grossoyer convenablement, c'en sera assez pour qu'il inspire de la confiance à un titulaire qui veut se retirer. Le reste dépend de la manière dont il saura conduire le chapitre des taxations et l'article des honoraires. Ainsi, quant au physique, latitude entière, et quant au moral, science des additions et des subtilités de la procédure, tel est l'avoué modèle. Tout cela m'était incompatible.

— Je le crois bien.

— Voilà pourquoi, Jérôme, j'ai songé au notariat. Ici, du moins, la figure sert à quelque chose, et la distinction de la personne n'est pas sans emploi. On nous sait gré de nous tenir avec une certaine élégance, d'avoir des gants propres, du linge fin, des habits coupés avec quelque goût. Le notaire préside aux deux actes essentiels de la vie, le mariage et le testament; il est en contact avec le monde, non avec le monde à part des plaideurs, comme l'avoué, mais avec la société entière. Il est donc essentiel qu'il plaise, s'il veut réussir.

Au moment où Valmont achevait sa phrase, un individu entr'ouvrit la porte, et, après avoir jeté à mon interlocuteur un sourire amical, il la referma avec précaution. Pendant ce court intervalle, j'eus le temps de remarquer une figure joviale et épanouie, quoique déjà sur le retour. Les cheveux étaient blancs, les traits poupards, et des lunettes vertes achevaient de donner à cette physionomie un singulier caractère. La manière dont il s'était retiré témoignait son respect pour Valmont et la crainte qu'il avait de le déranger.

— Vous le voyez, Jérôme, c'est le premier clerc de céans : il a vu déjà passer trois titulaires. Il mène l'étude; mais il est condamné à être premier clerc à perpétuité. Des lunettes, un ventre trop prononcé, voilà ce qui borne sa carrière. Célibataire et premier clerc, il obéit à son destin et le prend avec gaieté. Sa consolation est celle de Rabelais, il épouse chaque soir la *dive bouteille*, et s'endort là-dessus. Du reste, il connaît ses devoirs ; les habitudes de la maison lui sont familières. Il sait déjà qu'avant peu d'années je serai titulaire ici, et il me traite avec la déférence que mérite un titulaire en perspective. Pas un mot n'a été prononcé, et pourtant tout le monde pressent dans l'étude que c'est moi qui succéderai. Le titulaire actuel a été deuxième clerc comme moi, je serai titulaire comme lui.

— Prenez garde, Valmont, on dit que la profession devient chanceuse : de tristes catastrophes l'ont compromise.

— Je ne suis point un enfant, Jérôme, j'ai tout pesé. Je sais que le notariat a eu des Vincent de Paul qui ont ébranlé son autorité par les plus honteuses banqueroutes. Le notariat est devenu, comme toutes les professions de notre temps, la proie des hommes d'affaires : à côté des actes on y fait des spéculations, des entreprises. On y a dressé des sociétés par actions pour des existences imaginaires, et l'officier public a pu s'oublier jusqu'à se faire le complice des clients. Ici, c'est un notaire qui débute dans la profession par un faux et qui va finir sa vie au bagne chargé de onze cents faux en écriture authentique. Ailleurs on voit des vieillards confiants flétrir par des dispositions judiciaires un notaire qui a escroqué leur fortune : sur tous les points il s'élève des plaintes, et l'honneur de la profession souffre des crimes de quelques-uns de ses membres.

— Vous le voyez, il serait peut-être prudent de s'abstenir.

— Que faire alors? Toutes les carrières n'en sont-elles pas là? En est-il qui soient pures aujourd'hui, depuis le petit commerce qui falsifie et mélange les denrées jusqu'aux fonctions parlementaires érigées en véritables agences à l'usage des électeurs? Quoique le notariat ait eu à passer de mauvais jours, c'est encore, entre tous les priviléges civils, celui qui a le plus de conditions de durée et dont le maintien peut le mieux se défendre. La fièvre industrielle, qui a fait tant de ravage, l'a atteint comme tout le reste; n'importe : ceci n'a qu'un temps, et l'institution rentrera bientôt dans des conditions régulières. Un seul élément destructeur la menace, c'est l'élévation du prix des charges; mais ce vice lui est commun avec tous les priviléges, et il est indélébile comme le ver dans les mauvais fruits.

— Ah çà! et vous, Valmont, comment pourrez-vous payer cette somme énorme?

— Ici est le secret du métier, mon cher, et je ne devrais pas vous le livrer, quoique ce soit un peu le secret de la comédie.

— Comptez sur ma discrétion.

— Je vous en dispense, on a fait des vaudevilles là-dessus. Vous savez que je suis joli garçon, Jérôme : eh bien, je payerai avec ma bonne mine.

— C'est une monnaie qui n'a pas généralement cours.

— Plus que vous ne croyez. Les trois derniers titulaires qui ont exploité cette étude ne se sont pas acquittés autrement.

— Expliquez-moi cette énigme, Valmont.

— Volontiers. Il est presque passé en usage, Jérôme, que le titulaire d'un office en demande à peu près le capital représentatif de ce qu'il rend : ainsi, par exemple, cinq cent mille francs d'une étude qui rapporte bien net, année moyenne, vingt-cinq mille francs Or, vous comprenez qu'un homme qui a cinq cent mille francs à lui ne les applique pas à un placement pareil, où il faut ajouter sa peine et sa responsabilité pour obtenir un revenu de cinq pour cent. A ce prix donc l'étude est cédée à un jeune clerc qui n'a rien, si ce n'est les avantages extérieurs dont je vous parlais.

— Je commence à comprendre.

— Le patron sait bien qu'il vend le poste à son employé plus cher que cela ne vaut; l'employé sait encore mieux qu'il le paye bien au-dessus de sa valeur; cependant, des deux parts, voici le calcul. Le titre de notaire est une position sociale. La femme d'un notaire peut figurer partout avec avantage, même à la cour du roi des Français. A ce titre, quand on joint de la grâce, de la distinction, un nom qui sonne bien, on a presque l'option entre les héritières. Les dossiers des fortunes sont dans l'étude même. Il n'y a plus qu'à choisir celle de toutes qui est la plus liquide, la plus ronde. La femme sera toujours assez belle, pourvu que la dot le soit. Quand le choix est fait, on attaque à la fois le père et la fille. L'ancien titulaire s'empare de l'un; le nouveau titulaire se charge de l'autre; et, au bout d'un mois, le contrat se signe. Le patron se désintéresse sur la dot, et le nouveau notaire élèvera à son tour, dressera de ses mains un autre second clerc pour se débarrasser de son étude à des conditions fabuleuses. C'est une navette qui roule : il faut la prendre au bond et la lâcher à temps.

— Et c'est ce que vous ferez, Valmont?

— Oui, mais les temps deviennent durs. Il y a rareté d'héritières et concurrence dans les rangs du notariat. On achète à bas prix les études de la banlieue pour venir dans Paris exploiter les clients à domicile, faire le courtage des actes, abaisser l'institution jusqu'à la postulation directe. On offre des remises aux intermédiaires qui procurent du travail.

— Est-ce croyable?

— Quelle différence, Jérôme, de ce notariat au notariat d'autrefois! On s'est beaucoup moqué de ces tabellions d'opéras qui n'ont qu'une fonction, celle de déployer un papier, et de tirer de leur poche une écritoire de corne. Leur entrée est presque toujours accompagnée d'un évanouissement, à la suite duquel ces dignes personnages rengainent leurs ustensiles et se retirent paisiblement avec leurs perruques bouclées, leurs crispins noirs et leurs culottes courtes. Le tabellion aurait pu être envisagé à un autre point de vue, celui d'une probité irréprochable. Autrefois, le notaire était le confident des familles, le dépositaire des épargnes de ses clients. Des sommes considérables étaient religieusement conservées dans ses coffres, et il n'est pas d'exemple que cette confiance ait été trompée. Soyons justes, d'ailleurs. Si, à Paris et dans quelques grandes villes, l'institution a reçu de rudes atteintes, nos provinces ont encore conservé et maintenu intactes les vieilles traditions du notariat. On y voit encore ce que l'on ne voit plus à Paris, des notaires qui restent en exercice toute leur vie et lèguent leurs études à leurs fils ; on y trouve des familles qui comptent plusieurs générations de notaires. Ici, Jérôme, tel office que je pourrais citer a changé dix fois de titulaire en vingt ans. On n'est plus notaire aujourd'hui, on traverse le notariat.

Valmont termina là ses confidences : un vieillard assez vert et d'un extérieur distingué venait d'ouvrir la porte de son cabinet; une jeune fille charmante marchait à côté de lui. Quand le clerc eut aperçu les deux visiteurs, il se leva vivement, alla vers eux, les invita à entrer et à s'asseoir. En même temps, il me fit un signe que je compris. J'étais de trop, je pris mon chapeau et battis en retraite. Valmont m'accompagna pendant quelques pas et eut le temps de me glisser dans le canal auditif quelques mots que je fus seul à recueillir.

— Une héritière de cinquante mille livres de rentes, mon cher.

— A vos affaires, Valmont, lui dis-je, nous nous reverrons à loisir.

Et je descendis l'escalier, la tête remplie de ce que je venais d'entendre. Évidemment, Valmont était un garçon avisé : ne pouvant réformer son siècle, il cherchait à marcher avec lui. De toutes les manières, il ne pouvait plus m'être utile dans le sens que j'avais espéré ; sa carrière était désormais nettement tracée. Sur trois collaborateurs auxquels j'avais songé, deux m'échappaient déjà ; il ne me restait plus qu'à faire des ouvertures à Max, le prosateur chevelu.

Je remontai en cabriolet, et continuai mes courses.

XIII.

PATUROT PUBLICISTE OFFICIEL. — SON AMI L'HOMME DE LETTRES.

Dans mon entretien avec Valmont, poursuivit Jérôme, j'avais eu des renseignements sur la destinée de Max. Après avoir, pendant quelques mois, végété sur les avenues du feuilleton, notre prosateur chevelu venait d'obtenir une place dans les bureaux de l'instruction publique. Il était employé, ou, pour me servir d'un mot plus sonore, fonctionnaire public : il émargeait. C'était une position sociale.

En un clin d'œil, mon cabriolet me déposa à la porte du ministère de la rue de Grenelle, véritable palais élevé au faste universitaire. Au fond et à la suite d'une double cour, l'hôtel du personnage en possession du portefeuille; sur les ailes et répartis dans quatre ou cinq corps de logis, les bureaux de l'administration; l'ensemble est complet, le local heureusement choisi; rien n'y manque, si ce n'est l'âme, l'inspiration, la vie. Le souffle de la spéculation a aussi passé par là : l'enseignement s'est fait industriel. Sous un régime basé sur l'intérêt, il n'y a plus de place pour le dévouement; le calcul envahit tout. Dans les institutions en vogue, on a des élèves qui figurent comme montre, dont on fait étalage pour attirer les chalants. Le génie du charlatanisme n'a pas respecté l'asile de l'enfance et de la jeunesse. Tout concours annuel ramène une sorte de pugilat entre les maisons d'éducation : chacune d'elles ourdit ses trames dans les colléges, hors des colléges ; défend ses sujets par la brigue, et ambitionne les honneurs d'une publicité bruyante. C'est à qui éclaboussera le mieux son voisin, à qui fera le plus de chemin sur le corps de ses concurrents, à qui prendra l'allure la plus triomphante et la plus souveraine. Voilà pourtant où nous en sommes venus en toutes choses. Le relief, la vogue, l'éclat, tels sont les grands mobiles. On sacrifie au succès, et c'est l'honneur qui est la première victime de ce culte. La réserve et la dignité ne sont possibles qu'en se résignant à une position effacée et secondaire. L'empirisme est le roi du monde : il faut subir ce joug, ou périr.

Le bureau que Max honorait de sa présence était situé dans le premier corps de logis. Le concierge me fournit les indications nécessaires, et je montai. Au moment d'entrer, il me sembla entendre à l'intérieur comme un choc de verres. Je prêtai l'oreille : en effet, il y avait gala. Je reconnus la voix de Max, mêlée à plusieurs autres. Ces messieurs servaient à leur manière le gouvernement, et, pour le moment, travaillaient au profit de l'impôt des boissons. J'allais me retirer de peur d'être indiscret, mais un mouvement imprimé au bouton de la porte avait trahi ma présence, et Max l'ouvrit au moment où je battais en retraite.

— Tiens, c'est Jérôme Paturot, s'écria-t-il. Comme il arrive à propos, ce brave Jérôme ! entre donc, il y a place pour toi. Un verre, un couteau, et ouvre-moi une brèche dans ce pâté de Chartres qui est sur le poële. Que je suis enchanté de te voir, mon camarade !

En même temps, il me poussait vers son cabinet, dont il referma soigneusement la porte.

— Messieurs, dit-il en s'adressant à ses trois jeunes convives, permettez que je vous présente Jérôme Paturot, mon ami, un poëte chevelu de la première distinction. Il a eu tous les genres de succès : il ne lui a manqué qu'un public qui le comprît. C'est notre histoire à tous. Jérôme, je te présente M. Édouard Triste-à-Patte, paléographe de la plus belle espérance ; M. Gustave Mickoff, professeur de kalmouk comparé, et M. Anatole Gobetout, commentateur de palimpsestes. Tous les trois aimables comme des archéologues, et gais comme des élèves de l'école des chartes. Maintenant, en avant l'eau de Seltz et le vin à douze. Jérôme, au moment où tu es entré, le professeur de kalmouk nous pinçait une nuance de cancan véritablement inédite et essentiellement comparée.

— Allons, Max, un peu de décorum, dit le commentateur de palimpsestes.

— Il est toujours le même, ajouta gravement le paléographe.

— Du décorum et du champagne à dix sous, s'écria Max en débouchant une bouteille d'eau de Seltz. Honte et pitié ! voilà comme le gouvernement abreuve ses serviteurs ! Messieurs, à la santé de Jérôme, et vive le gaz acide carbonique !

Comme on le pense, je me trouvai vite à l'aise au milieu de ces joyeux compagnons. On acheva gaiement le déjeuner en l'animant de plaisanteries qui n'étaient pas toutes de très-bon goût. En mon honneur, Max fit monter du café et du kirsch, afin que la fête fût complète. Cela dura pendant plus de deux heures, et je ne pouvais trop m'émerveiller de cette manière de remplir des fonctions publiques. Les collègues de Max avaient l'air tout aussi occupés que lui de leur besogne. Le professeur de kalmouk parlait du personnel de l'Opéra avec un luxe de détails qui ne permettait pas de récuser sa compétence ; le paléographe cherchait une pointe à un couplet de vaudeville, et l'érudit en palimpsestes contrefaisait Arnal dans *Passé Minuit* et le *Grand Palatin*. Ces petits talents de société me paraissaient un peu hors de leur place au ministère de l'instruction publique ; mais ce qui piquait encore plus ma curiosité, c'était de savoir à quel titre mon ami Max figurait et émargeait dans cette administration.

— Et toi, lui dis-je en abordant directement la question, quel est ton emploi ici, qu'y fais-tu ?

— Ce que j'y fais, belle demande ! tu ne l'as pas vu depuis que tu es entré ?

— A moins que ce ne soit manger et boire, répliquai-je ; mais il n'y a rien d'administratif là-dedans.

— Pas encore, plus tard on verra.

— Mais que fais-tu donc alors ?

— Vraiment, tu ne l'as pas vu ? je ne fais pourtant pas autre chose du matin au soir. Mon cher, ajouta-t-il avec une certaine emphase, je conserve les monuments. Nous sommes dix gaillards céans, qui n'avons pas d'autre besogne : nous conservons les monuments.

— Ah çà ! et comment donc, et où ?

— Ici, partout, en te parlant, en mangeant, en causant. Quoi que je fasse, je conserve des monuments. C'est ma spécialité. Tous les jours, de dix à deux heures, tu peux venir dans mon bureau; tu me verras occupé à conserver des monuments. Quelle besogne, mon cher, quelle besogne! Il y a des moments où je tremble quand je pense à la responsabilité qui pèse sur nous. C'est si fragile un monument! Mais nous y veillons.

— Ah! vous y veillez!

— Oui, ils sont tous là, étiquetés : le garçon y a l'œil; il en répond sur sa tête.

— Tu m'en diras tant!

— Avant la création de ce bureau, quelle était, mon cher, la situation des monuments? Quelque chose de précaire, d'aventuré. Ils n'étaient pas représentés, ils n'avaient pas de tribune. Aujourd'hui ils ont un personnel à eux, ici, à l'intérieur, aux cultes, partout. Leur position est magnifique : ils doivent en rendre grâce à la nature.

— Et à leurs employés, n'est-ce pas?

— Tout, en ce séjour, est dans le même goût, Jérôme. C'est comme le kalmouk!... qui se douterait du kalmouk, cette langue slave et immortelle, si Gustave ne l'avait pas inventée, en même temps que la chaire de ce nom? Voilà ce que j'appelle des créations, de véritables créations.

— Au fait, c'est vrai.

— Et les palimpsestes, on les oubliait, ces pauvres palimpsestes! Qu'a fait Anatole? un véritable coup d'État; il a joué sa tête. « Le gouvernement est perdu, s'est-il écrié, si l'on n'organise pas un bureau spécial pour la vérification des palimpsestes. Je ne réponds pas de l'avenir, je ne crois plus à rien, ni à Juillet, ni aux lois de septembre, ni à l'infaillibilité de l'université, si les palimpsestes ne reprennent pas, dans l'ordre social, le rang qui leur appartient. » Quand on a vu Anatole si parfaitement décidé, et à la veille de passer à l'opposition avec sa science et ses papyrus, le pouvoir a capitulé. Il a créé une direction des palimpsestes. C'est ainsi que l'on sauve les empires.

— Oui, Max, et que l'on épuise le budget.

— C'est le but de l'institution. Ah çà ! et tu crois, Jérôme, que la paléographie, dans toutes ses branches ; que l'archéologie, avec ses accessoires ; que les documents historiques, que les chaires supplémentaires de province, que les voyages scientifiques aient eu leur contingent d'émargements et d'honneurs sans que les intéressés y aient mis la main ? Je t'ai parlé de kalmouk comparé, cette langue dont l'étude est i précieuse pour la France ! il y a encore le kirguis, il y a le pandour, il y a le malais ; il y a le dialecte patagon dans toutes ses variétés, l'idiome si harmonieux des Papous et des Botocudos ; celui des Poyais et des Tungouses qu'on croit être la langue du paradis terrestre. Eh bien, ce sera l'honneur du budget français que d'instituer des chaires pour tous ces dialectes. La France est essentiellement généreuse et polyglotte ; elle se doit à tous les larynx de l'univers. J'en suis fier pour ma patrie.

— Tu as raison, Max ; je retiens une chaire de olof.

— Mais autour de nous-mêmes que de vides ! On

a ouvert une issue aux littératures du Nord, et, par un chef-d'œuvre d'à-propos, on a donné la chaire de littérature du Nord à celui qu'on présumait initié aux littératures du Midi, et la chaire des littératures du Midi à celui qu'on croyait versé dans les littératures du Nord! C'est bien, je reconnais là ce bonheur de main qui distingue nos chefs suprêmes! C'est ainsi qu'il faut envisager les chaires comparées. Mais croit-on avoir tout fait? N'y a-t-il pas encore quarante créations à y ajouter, toutes plus urgentes les unes que les autres?

— Dis cinquante.

— Je te dirai cent si tu me pousses, et je les nommerai. On lésine sur tout, témoin l'archéologie. Est-il possible de trop faire pour cette science? Paturot, tu vois ces trois amis, ils sont tous plus ou moins archéologues; moi aussi, Jérôme, je suis un peu archéologue; et qui ne l'est pas? Que fait-on pour nous? Rien, ou presque rien; quelques rognures du budget détournées, subreptices, quelques billets de mille francs donnés de mauvaise grâce, voilà tout. Dans la commission des documents historiques, dans la sphère de la linguistique et des manuscrits, même parcimonie. Les gouvernements représentatifs, Jérôme, périront par l'excès de leur principe : ils sont trop regardants.

Cette sortie, débitée avec beaucoup de sang-froid, provoqua les applaudissements de toute la compagnie. Max avait défendu l'honneur du corps, et traduit la pensée de ses collègues. Le professeur de kalmouk voulut bien, en l'honneur de ce succès, donner une répétition de son cancan comparé et inédit; le commentateur des palimpsestes joua une scène des *Saltimbanques*, et le paléographe chanta un couplet de facture. Ces divers exercices administratifs nous conduisirent jusqu'à deux heures, et il était temps de songer à quitter les bureaux. La vie des employés peut se résumer par deux préoccupations : arriver le plus tard possible, partir le plus tôt possible ; et, si l'on y ajoute travailler le moins possible, on obtient les trois termes de l'existence administrative.

Cependant, avant de quitter le local, Max se montra jaloux de m'en faire les honneurs. Nous nous rendîmes d'abord à la bibliothèque. Certes, s'il est au monde une bibliothèque qui dût concentrer les chefs-d'œuvre de toutes les époques, c'est celle d'un ministère de l'instruction publique. Des fonds sont alloués, il n'y aurait qu'à en faire un bon emploi. Au hasard, je pris quelques livres dans les rayons : c'étaient les *Gerbes choisies*, de madame Poupard ; les *Sentimentales*, de mademoiselle Trottemenu ; le *Miroir du Cœur*, de la baronne Amanda de Crapouski ; partout des poésies et des noms de femmes, toutes éminemment obscures.

— C'est dans l'ordre, me dit Max ; cela doit être ainsi. Nous avons toujours eu des ministres foncièrement anacréontiques. La femme règne et gouverne en ces lieux. Leurs livres ont le droit de préséance, surtout quand elles sont jeunes et jolies. Il y a pourtant une condition.

— Laquelle, Max ?

— Il ne faut pas que le mari soit l'intermédiaire de la demande. Cela veut être traité directement.

— Méchante langue !

— Cependant, Jérôme, nous ne faisons pas toujours acception de sexe quant à l'achat des bouquins. Les hommes y ont quelques droits. Seulement il est essentiel qu'un député intervienne. On ne tient pour bons que les livres recommandés par des députés. Encore s'ils les lisaient !

Nous sortîmes, et déjà l'essaim des employés sortait aussi, en bourdonnant, de la ruche bureaucratique. Depuis une heure, on brossait les chapeaux, les paletots et les pantalons ; on essuyait la poussière des pupitres, on rangeait dans les casiers les papiers épars. La taille des plumes était généralement suspendue, et le mot commencé remis au lendemain. Les employés défilèrent devant nous, les supérieurs comme les inférieurs. Max me les nomma, en me mettant au courant de leurs fonctions, à peu près aussi lourdes que les siennes, en me récapitulant leurs chances et me nommant leurs protecteurs. Les députés jouaient encore un grand rôle dans cette hiérarchie : les bureaux étaient peuplés de leurs créatures. Fils de député, cousin de député, neveu de député, filleul de député, voilà ce qui retentissait à mon oreille. D'autres fois, l'influence était indirecte sans être moins active. C'était un électeur considérable qui recommandait au député, lequel recommandait à son tour au ministre. Ces ricochets allaient à l'infini ; de sorte qu'on pouvait, à la rigueur, dire que pas un employé ne se trouvait là à cause de son propre mérite et pour ses services personnels. La faveur dominait, et avec elle l'impéritie.

Hors de l'hôtel du ministère, nous rencontrâmes les trois convives du déjeuner, vêtus avec la dernière élégance. Le professeur de kalmouk comparé voulait entraîner ses collègues du côté du boulevard des Italiens, afin de se rapprocher de l'Opéra. Le paléographe préférait demeurer dans le quartier latin, où les biftecks sont plus économiques; l'artiste en palimpsestes hésitait entre les deux directions.

— Je te promets une soirée charmante, disait le professeur de kalmouk. Tu verras la figure de madame Stoltz. C'est un type de la cinquième olympiade.

— Ne passe pas les ponts, répliquait le paléographe. Nous irons voir quel rapport comparatif il peut exister entre *les Nuées* d'Aristophane et les trognons de pommes de Bobino. C'est de la haute mimoplastique.

Nous les laissâmes dans cette indécision. Je pris Max dans mon cabriolet, et, chemin faisant, je lui expliquai comment il pouvait se faire une position dans la feuille semi-officielle que j'allais créer. Il accueillit avec enthousiasme cette ouverture.

— Mais sans doute que cela me va, Jérôme, s'écria-t-il. On ne les conduit que la plume à la main, les ministres. Il faut, dans notre condition, se faire aimer ou se faire craindre. Avec un journal, on peut l'un et l'autre. Pour ton premier numéro, je t'enverrai, mon cher, trois colonnes sur les œuvres complètes de mon ministre. Je veux le déifier, le porter au-dessus du dix-neuvième firmament. O mon ministre, je te tiens, je puis te parfumer des pastilles du sérail de l'éloge, t'embaumer avec un panégyrique de ma préparation! C'est toisé, Jérôme, dans trois semaines, je suis sous-chef. Comment appelles-tu ton journal?

— Le *Flambeau!*

— Eh bien, le *Flambeau* luira pour mon avancement. C'est clair comme le jour.

Le cabriolet s'arrêtait : Max descendit après avoir pris rendez-vous pour le lendemain. Je rentrai fatigué de mes courses et n'ayant réussi qu'à moitié dans ce que je me proposais.

XIV.

GRANDEUR ET DÉCADENCE POLITIQUES DE PATUROT.

Monsieur, poursuivit Jérôme, nous touchons à l'un des dénoûments de mon Odyssée aventureuse. J'étais donc directeur du *Flambeau*, journal dévoué au gouvernement, et puisant ses moyens d'existence dans une subvention annuelle. C'était un rôle difficile à soutenir. Du côté du succès, rien à espérer : le public ne tient pas compte des feuilles qui enchaînent leur indépendance; du côté de la position, rien d'assuré, rien de stable, un caprice ministériel pouvant détruire ce qu'un autre caprice a fondé. On vitupère les écrivains officiels : on devrait plutôt les plaindre. Leur besogne semble aisée : il n'en est pas de plus difficile. Un valet sait ce qu'il doit faire quand il n'a qu'un maître; en étudiant ses goûts, en flattant ses manies, il sera certain de faire agréer son service et d'approprier son zèle aux exigences de l'individu; mais ici il s'agissait de contenter neuf maîtres, et quels maîtres!

Vous n'êtes pas, monsieur, sans avoir entendu parler de ce que l'on nomme, dans tous les articles bien pensants, l'unanimité du conseil. Aucune des chimères connues n'est aussi chimérique que celle-là. Les existences les plus notoirement fabuleuses, celles du programme de l'hôtel de ville, de Renaud de Montauban, du mot de Cambronne à Waterloo, du masque de fer, de la croix de Migné et d'Amadis des Gaules, ne sont pas des objets plus fantastiques que l'unanimité dans le conseil. Voici, en thèse générale, de quoi se compose ce mythe. Un conseil unanime comprend d'ordinaire deux ministres essentiels qui voudraient s'évincer l'un l'autre, et plusieurs ministres secondaires qui sont perpétuellement en désaccord. Les Affaires étrangères sont en délicatesse avec l'Intérieur; le Commerce prétend que la Marine usurpe ses attributions; les Travaux publics se plaignent de la lésinerie des Finances; l'Instruction publique échange d'incessantes récriminations avec la Justice et les Cultes; enfin, la Guerre rudoie tout ce monde avec une brutalité militaire, et jure par tous les souvenirs de l'empire qu'on n'empiétera pas impunément sur *son espécialité*. Telle est l'unanimité du conseil vu de près et à l'œuvre.

Faites-vous, maintenant, une idée de la tâche d'un homme obligé, en vertu de l'émargement, de satisfaire ces neuf têtes qui veulent avoir chacune un bonnet particulier. Passez-moi l'image; c'est le métier qui me la suggère. La Guerre voudrait, par exemple, que l'on plaidât ouvertement la réforme du bouton de guêtre ou l'amélioration du sabre-poignard, mais les Finances pressentent où va conduire la thèse, et quelle menace affreuse elle renferme contre le Trésor : il y a donc opposition de leur part, demande d'ajournement indéfini. Que fera le rédacteur officiel placé entre ces deux prétentions contraires ? S'il se déclare pour la réforme du bouton de guêtre, le voilà mis à l'index du ministre de la rue de Rivoli; s'il éloigne la question comme inopportune, toutes les sabretaches de la rue Saint-Dominique parleront d'aller lui couper les oreilles. Ainsi du reste : ce que l'on fait pour l'un mécontente l'autre; si l'on célèbre les louanges de celui-ci, celui-là se formalise; chaque vanité ministérielle se croit lésée de ce que l'on accorde à la vanité d'un collègue. Où se réfugier, où chercher un abri? Dans le silence ? il est pris en mauvaise part. Dans la polémique ? elle a huit chances sur neuf de déplaire.

Telle est, monsieur, la position de l'écrivain qui a aliéné son indépendance. Avais-je tort de dire qu'il est plus à plaindre qu'à blâmer ? Tout à l'heure je vous parlais de neuf maîtres : outre ceux-là, il en a trois cents. Chaque député ministériel élève sa prétention et présente sa requête. Ce sont des plaintes sans fin, des assauts continuels. L'orateur le plus obscur se croit en droit d'exiger l'insertion littérale et intégrale de ses élucubrations de tribune. Encore est-il rarement satisfait ! On a omis, à l'en croire, des passages essentiels, altéré la ponctuation, dénaturé le sens d'une phrase. L'assaisonnement n'est jamais ce qu'il devrait être. On a ménagé les *très-bien*, éparpillé les *marques d'approbation*, lésiné sur les *sensations*, et oublié complètement les *acclamations universelles*. De là, des réclamations, quelquefois des menaces, et il faut se taire, parce que les députés tiennent les cordons de la bourse. Est-ce vivre, monsieur, que d'être ainsi en butte à toutes les vanités, à toutes les exigences ?

En temps ordinaire, la position est encore tenable, mais quel enfer à la veille d'une dissolution ! J'ai traversé des élections générales, et aujourd'hui encore, lorsque j'y songe, je me demande comment j'y ai pu résister. Quel spectacle, et combien, vues de près, ces ambitions sont petites ! Tout devient grave, la réparation d'un clocher, la création d'un haras, la nomination d'un garde champêtre. Il faudrait couvrir la France de bureaux de postes et de bureaux de tabac, canaliser toutes les rivières et les orner de ponts, abaisser partout les droits en augmentant le revenu. C'est le jour des largesses universelles, des inépuisables promesses. Un arrondissement veut une route, il en aura deux : un autre demande à être traversé par un chemin de fer, il aura chemin de fer et canal. Qui se plaint encore ? qui éprouve le moindre besoin ? Point de fausse honte : le budget est là ; les censitaires n'ont qu'à y plonger les bras jusqu'aux aisselles. O métamorphose prodigieuse ! toute administration est souriante : l'enregistrement n'est plus tracassier, les contributions indirectes se montrent polies, la douane elle-même est affable. C'est court, mais c'est beau. Oui, c'est beau pour le pays légal, mais non pour la presse officielle. Elle ne s'appartient plus ; elle est envahie. Le zèle des rédacteurs paraît tiède ; ils ne manient pas l'éloge avec assez de dextérité, ne prodiguent pas l'injure avec assez de violence. Ils sont trop froids et trop mesurés : on les soupçonne d'être vendus à l'ennemi, d'entretenir des intelligences dans l'autre camp. Les députés menacés se plaignent, les ministres s'inquiètent, toutes les existences politiques tremblent sur leurs bases.

Monsieur, j'ai traversé avec le *Flambeau* une crise de ce genre, et je ne saurais vous faire l'énumération des couleuvres que l'on m'y prodigua. Quand les vanités et les ambitions se combinent dans une même effervescence, quand le succès est une affaire d'amour-propre et de calcul, on ne sait jusqu'où peut aller l'activité humaine, et quel chemin elle fait dans les voies de l'intrigue! Les plus honnêtes s'en défendent d'abord, puis finissent par s'y laisser entraîner. Il en est de cette cuisine comme de toutes les autres, il ne faut pas la voir de trop près. Quant à moi, j'en sortis passablement dégoûté du mécanisme représentatif et des petits ressorts sur lesquels il repose.

Pendant que je devenais ainsi une autorité dans les régions de la haute politique, Malvina installait ailleurs sa souveraineté. Elle présidait à la littérature du journal, et tirait un parti fort avantageux des études qu'elle avait faites dans Paul de Kock. Depuis qu'elle se croyait partie intégrante du gouvernement, ma fleuriste ne se possédait plus. Elle s'était donné un maître d'équitation, et parlait le langage de cheval à l'usage de nos dames du grand monde. Aucun genre de succès ne lui était étranger. Au moyen du *Flambeau*, j'étais parvenu à établir de relations suivies avec les hommes de lettres et les artistes en vogue. Malvina leur faisait les honneurs de quelques thés assaisonnés de musique. Quel bel amalgame que cette compagnie! Des femmes auteurs, des rapins, des croque-notes mêlés aux rédacteurs ordinaires et extraordinaires du *Flambeau*. Il fallait voir Malvina s'y promener en reine, appelant nos célébrités littéraires par leurs noms de baptême, dictant des oracles au troupeau des bas-bleus, leur promettant sa protection pour des feuilletons à 5 francs la colonne, élevant un petit bataillon de prosateurs chevelus entre 18 et 22 ans, afin d'avoir toujours sous la main des hommes de style et des collaborateurs fidèles.

— Que le diable vous massacre! disait-elle à l'un d'eux, vous avez manqué d'haleine dans votre dernier feuilleton, Jules. Votre héroïne n'a pas de jarret; votre héros reste sur le flanc. Félicien prend de l'avance sur vous. Prenez-y garde!

Malvina parcourait ainsi le salon en distribuant çà et là des reproches et des encouragements. Elle touchait la main aux auteurs en renom, en affectant de les traiter sur le pied d'une familiarité un peu chevaleresque.

— Eh! bonjour, Frédéric, comment ça vous va-t-il, vieux?... Ah! c'est ce diable d'Eugène! bonjour, Eugène! comment se portent vos chiens anglais?... Parbleu! voici le grand Victor... le sombre Victor, le ténébreux Victor... Tiens, et vous, Honoré, voulez-vous une tasse de thé, mon gros bonhomme? ajoutait-elle en lui frappant amicalement sur le ventre. Que le diable me massacre, je ne vous avais pas encore aperçu.

Les choses marchaient de la sorte depuis quelques

mois sans qu'aucun incident fût venu changer ma situation. J'étais chaque jour dans mon cabinet à la disposition des ministres, et Malvina continuait à tenir dans son salon un cours de littérature d'hippodrome. Chacun de nous se maintenait dans les limites de son empire. En recueillant mes souvenirs, je ne trouve rien qui se rattache à cette époque, si ce n'est une rencontre assez singulière. J'étais un jour dans la partie des bureaux où le public vient traiter pour l'insertion des annonces, quand deux personnages y entrèrent. L'un était porteur d'une grande barbe noire ; l'autre avait les cheveux d'un blond fade et des yeux bleus pleins d'une finesse extrême. Quoique ces hommes n'eussent en aucune manière affaire à moi, involontairement je m'arrêtai : il me semblait que j'avais vu quelque part au moins l'un de ces inconnus. Je m'avançai vers eux.

— Que voulez-vous ? leur dis-je un peu brusquement.

Cet accueil parut intimider le porteur de la barbe noire ; cependant il se remit.

— Ne vi fâchez pas, mossiou, dit-il. Zé souis l'inventour de la pommade dou léopard, et zé venais l'annoncer dans votre estimable zournal. Ma, si zé vi déranze, scouzez. Moun ami qué vi voyez est lou baronnet Crakson, inventour de toutes les maravilles en *son*.

— *Yes, sir*, reprit l'homme blond ; jé poui offrir à vo lé cold-creame Blagson, lé élixir Puffson, lé onguent Gripson, lé moutarde Pattson, lé savon Dickson, lé rasoirs Fichson, lé plat à barbe Mattison, lé poudre Fricasson, lé papier Gobson...

— Assez, monsieur l'Anglais, je suis approvisionné en tout genre.

— Jé poui encore offrir à vo...

— Et moi, mossiou, interrompit l'Italien, zé vi donnerai oun petit arbouste qui vient dou Monomotapa et qu'oun peut appeler l'orgueil de l'Afrique. Il fournit sour la même branche des ananas, des pois en primour, des cerises et des confitoures sèches.

— Jé poui offrir à vo, reprit l'imperturbable Anglais, des aiguilles Rabson, des crayons Marcasson, des ploumes Plattson...

— Assez, messieurs, assez.

— Sé vi voulez, zi vi retroverai la graine dou chou colossal...

— Jé poui offrir à vo...

— Oui, dou chou colossal, dont la semence il semblait perdou. Ma, pardoun, messiou, ajouta l'Italien, zé vois que nous vi déranzons. Scouzez! scouzez! et en disant ces mots il se dirigeait vers la porte; nous reviendrons oune altre foi. Vi êtes trop occupé per lé moument. Baronnet Crackson, *andiamo, andiamo, andiamo...*

— *Yes, yes.* Jé poui offrir à vo...

Pour couper court aux offres de cet abominable Anglais, il ne me restait plus qu'un moyen, celui de la retraite. Je sortis et poussai brusquement la porte; mais à peine m'étais-je éloigné de quelques pas, qu'une révélation soudaine m'éclaira.

— C'est lui, me dis-je.

Et je rentrai vivement dans le bureau des annonces; mes deux industriels avaient disparu. Je me précipitai vers l'escalier : personne; je courus sans chapeau dans la cour : elle était vide ; je les cherchai dans toute l'étendue de la rue : impossible de retrouver leurs traces. Monsieur, cet homme que je venais de laisser échapper, c'était Flouchippe, le créateur du bitume impérial du Maroc. Sa barbe, son accent italien, tout avait pu d'abord dérouter mes souvenirs ; mais je n'en pouvais pas douter, c'était lui, son œil narquois, sa figure à la fois hautaine et hypocrite. Quel regret ! avoir eu mon fripon sous la main, et avoir manqué cette occasion de le punir ! Malvina était furieuse : elle détacha à sa recherche tous les commissaires de la ville de Paris, les sergents de ville, la police secrète et la garde municipale. Peine perdue ! Flouchippe ne reparut plus, et la *pommade du léopard* s'évanouit avec lui.

Décidément, j'étais devenu un publiciste officiel dans toute la rigueur du mot. Une crise de cabinet vint mettre à l'épreuve mon talent pour les volte-faces. Justement, j'avais, la veille, cruellement déchiré le chef du ministère qui triomphait. Mon aplomb ne se démentit pas : avec la même plume et la même encre, sur le même bureau, dans la même feuille, je fis à sa gloire un éloquent article ; je célébrai son intelligence, et félicitai le pays de son avénement. Notre polémique, de belliqueuse qu'elle était, devint sur-le-champ pacifique ; nous prîmes toutes les questions à un autre point de vue, et réfutâmes d'une manière victorieuse les thèses que nous soutenions depuis six mois. Ce tour de force me fit le plus grand honneur ; on vit que j'étais un écrivain véritablement officiel, et que je m'exécutais de bonne grâce. Ma position en parut consolidée ; notre subvention fut portée au double, et je pus prendre une existence presque princière.

Ce fut l'apogée de notre gloire. Malvina, de plus en plus versée dans la science du cheval, devenait l'une des amazones les mieux caractérisées de Paris. Elle ne parlait que de donner cinq cent dix-neuf coups de cravache à quiconque ne trouverait pas *le Flambeau* le premier journal de l'univers; elle venait s'asseoir, en habit d'écuyère, dans les bureaux de la rédaction, et dictait l'article des courses du champ de-Mars. Du reste, elle s'était parfaitement dressée à toutes les habitudes de son nouveau rôle : elle fumait des panatellas, culottait des pipes avec un bonheur particulier, portait des pantalons, des bottes de maroquin rouge, et un sautoir noué en cravate autour du cou. On ne jurait pas avec plus de grâce qu'elle; on ne brisait pas les services de porcelaine avec plus de succès. C'était merveille de la voir quand elle avait du champagne dans la tête, accompagné de cinq ou six petits verres de quoi que ce fût. Elle enlevait la compagnie, et produisait toujours un effet miraculeux.

Un jour, nous donnions dans nos salons une fête extraordinaire à toute la rédaction. Max, alors sous-chef, comme il l'avait prévu, en était; Valmont y assistait aussi, malgré sa gravité de notaire en titre; nos anciens comme nos nouveaux amis se trouvaient réunis à la même table. En fait de femmes, nous avions des bas-bleus dépourvus de toute espèce de préjugés, ce qui ne changeait rien au caractère de la fête, qui était un déjeuner de garçons. Malvina avait fait préparer des pipes pour toute la société. Le repas fut des plus gais. Quoique ce ne fût plus de genre, Malvina n'avait voulu que du champagne frappé; point d'eau, ce liquide était exclu. On arriva ainsi au dessert, et la maîtresse avait déjà parlé vingt fois de casser cinq cent dix-neuf cravaches sur la figure du cuisinier, du glacier, du confiseur, du marchand de tabac. Elle venait même de donner le signal de la débâcle des ustensiles en brisant un compotier, quand un domestique annonça une dépêche du ministre qu'apportait un garde municipal à cheval.

— A demain les affaires sérieuses, m'écriai-je en vidant mon verre.

— Du tout, du tout, répliqua Malvina, dont la tête était en proie aux ravages des spiritueux, je veux que l'estafette entre et qu'on lui donne à boire. Garçon, apportez-moi le guerrier avec son cheval. Allez, et vivement.

On eut beau faire des objections, il fallut obéir. Le garde municipal, qui attendait que l'on visât sa feuille, résista d'abord, puis il finit par se rendre.

— Vertueux militaire, lui dit Malvina quand il entra dans la salle à manger, approchez de confiance. Vous allez boire ce verre de champagne à la santé du gouvernement, ou je vous casse cinq cent dix-neuf cravaches sur la figure. Je ne sors pas de là.

Le municipal prit gaiement l'affaire, but trois verres de champagne et me remit son pli.

— Maintenant, guerrier, ajouta Malvina, acceptez cette pipe et culottez-la en mon honneur. Allez.

Quand le porteur de la dépêche fut parti, la compagnie se montra curieuse de savoir ce qu'elle contenait.

— Bah ! dis-je, quelque niaiserie, quelque avis d'adjudication.

— N'importe, il faut communiquer cela à ces messieurs, reprit Malvina, et puis nous en allumerons nos pipes. Silence et attention.

Je décachetai la missive, et lus ce qui suit :

« Monsieur, le ministre me charge de vous infor-
« mer que, par suite d'insuffisance dans les alloca-
« tions du budget, la subvention qui vous était comp-
« tée cessera de courir à partir de demain.

« Croyez, monsieur, au regret que j'éprouve, etc. »

La lecture de cette lettre nous terrassa. C'était le *Mané*, *Thécel*, *Pharès* du festin de Balthazar. Personne n'eut la force d'ajouter un mot à ce texte si expressif, la compagnie était dégrisée. Malvina seule, se levant comme une lionne, et brandissant le poignet, s'écria :

— Si je tenais le polisson qui a écrit ce billet doux, je lui donnerais cinq cent dix-neuf coups de cravache à travers la figure.

XV.

SUICIDE DE PATUROT, PHILOSOPHE INCOMPRIS.

Ma disgrâce politique, poursuivit Jérôme, fut un coup accablant et sans remède : j'étais de nouveau déclassé et à la merci du besoin. Dans cette dernière épreuve, je retrouvai Malvina ce qu'elle avait toujours été, fidèle à ma mauvaise comme à ma bonne fortune. Cette fille avait un merveilleux talent pour se mettre au niveau de toutes les situations et prendre le masque de tous les rôles. Elle oublia sans peine les façons hippiques et littéraires, les grands airs et les soupers fins, pour redevenir la frugale et laborieuse fleuriste d'autrefois. Au milieu de bien des travers, dirai-je des écarts, j'avais reconnu en elle une qualité rare et dominante : c'était un dévouement sans arrière-pensée comme sans limite. Sous une légèreté apparente se cachait un véritable attachement, et jamais dans sa conduite rien ne s'était fait voir qui ressemblât à un calcul intéressé.

Dans l'abattement profond où j'étais tombé, sa gaieté seule me soutenait. Je succombais sous le poids de tant de mécomptes successifs. Ma fonction ici-bas ressemblait à celle du païen qui roule aux enfers sa pierre fatale avec un éternel et inutile effort. A diverses reprises, je m'étais vu précipité du haut de mes illusions, et je commençais à être las de cette existence si souvent brisée. Que faire? A quoi me rattacher encore? N'avais-je pas tout parcouru, tout épuisé, si ce n'est ce commerce odieux de bonnets de coton, toujours suspendu sur ma tête? On me conseilla la philanthropie comme un moyen extrême applicable aux cas désespérés. Quand on a épuisé la coupe des déboires terrestres, on se fait philanthrope, et souvent cela réussit. J'en essayai : je me déclarai l'ami, le patron des détenus, je recherchai les beaux, les grands criminels, en les conjurant de vouloir bien m'honorer de leur amitié, à l'exclusion des philanthropes en vogue. Je parvins ainsi à en embaucher quelques-uns, à les atteler à mon char ; je conduisis à l'échafaud un parricide avec un succès qui fit du bruit ; je fondai la philanthropie romantique. Je ne vous dirai pas qu'on me doit le bouillon confectionné avec de vieux dominos et des poignées de parapluies ; mais j'ai obtenu certainement des titres à l'admiration pénitentiaire pour mes études sur les libérés, et ma manière de les pousser dans le monde. Que leur manquait-il à ces victimes de la justice terrestre ? le sentiment de leur dignité et un peu de confiance en eux-mêmes. Je leur rendis tout cela en les admettant dans mon intimité, en les conviant à ma table. Il est vrai que le premier qui me fit cet honneur emporta la montre de Malvina et deux couverts d'argent ; mais c'était un jeune homme de dix-huit ans, et cette inadvertance est très-explicable à un pareil âge. Quoi qu'il en soit, Malvina, qui regrettait sa *tocante*, ne voulut plus entendre parler de cette intéressante population ; de sorte que je ne fis guère que traverser la philanthropie. C'est dommage : j'aurais réussi dans le patronage du grand criminel.

Je retombai donc dans l'oisiveté et dans le chagrin. Mon mal me reprit ; j'avais du vague à l'âme et les hypocondres endommagés. L'idée d'un suicide me poursuivait sous toutes les formes, et cette manie devenait d'autant plus dangereuse qu'elle procédait moins du désespoir que du calcul. Il me semblait raisonnable de quitter cette vie, lorsqu'après bien des efforts on n'est pas parvenu à s'y assurer une place tolérable. Prolonger une semblable déception au delà d'une certaine limite était, à mon sens, le fait d'une âme vulgaire. Là-dessus je me construisis une théorie qui ressemblait à ce que j'avais lu dans Jean-Jacques, et je commençai à me regarder comme engagé vis-à-vis de moi-même dans cette résolution. Ma vanité d'auteur y trouvait son compte et tirait d'avance parti de l'événement.

— Malvina, disais-je, un suicide pose un homme. On n'est rien debout; mort on devient un héros. Là où les jalousies cessent, l'apothéose commence. De mon vivant, qui est-ce qui a parlé de mes *Fleurs du Sahara*, de ma *Cité de l'Apocalypse?* A peine serai-je parti, que chacun de ces volumes deviendra un monument, une œuvre de génie. J'aurai des prôneurs; je ferai école; c'est infaillible. Tous les suicides ont du succès ; les journaux s'en emparent; l'émotion s'y attache. Décidément il faut que je fasse mes préparatifs.

— C'te bêtise! répliqua ma compagne. C'est ça, finis-en comme une couturière, avec le réchaud de charbon.

— Ceci est une autre question, Malvina : il faudra que j'y réfléchisse. Avalerai-je une clef forée, comme Gilbert, ou de l'acide prussique, comme Chatterton? Aurai-je recours au brasier d'Escousse, ou à l'eau de Seine, comme un grand peintre? c'est ce qui vaut la peine d'être pesé attentivement. Ne faisons rien à la légère. L'événement serait bien plus dramatique, Malvina, bien plus touchant, s'il était orné d'une femme, si nous nous en allions à deux...

— Plus souvent!

— Double couronne, alors, celle du talent, celle de l'amour. Que d'images les poëtes chevelus du temps inventeraient en notre honneur! Nous serions deux pigeons pattus qui, fatigués des orages de la vie, vont s'abriter sous l'aile du désespoir, et meurent en confondant leurs âmes. Nous serions le lierre et le chêne que le même carreau foudroie. Que ne serions-nous pas, Malvina?

— Par exemple, voilà un genre de proposition un peu nouveau.

— C'est le dernier banquet de la vie, mon ange, je t'y offre une place à mes côtés.

— Merci! on sort d'en prendre. A-t-on jamais vu un croque-mort pareil? Ah çà! mais tu es donc employé aux pompes funèbres?

Ces conversations se renouvelaient souvent, car l'image d'une mort prochaine ne me quittait plus : c'était une véritable maladie. Les auteurs les plus sombres étaient ceux que je préférais. Young et Werther faisaient mes délices. Non-seulement je me trouvais déjà tout familiarisé avec l'idée de la destruction, mais je jouissais d'avance des résultats qu'elle devait amener. J'avais vu d'assez médiocres rimeurs relevés subitement par l'auréole du trépas, et prendre place parmi les dieux de l'Olympe littéraire. Cet honneur me flattait surtout, et il me semblait infaillible. C'était comme la prime de mon suicide, et j'y comptais. Je voulais aussi pénétrer tous les secrets des sciences psychologiques dont j'allais prochainement vérifier l'exactitude. Je me fis donc philosophe : vous savez que c'est la ressource ordinaire de ceux qui ne sont pas contents.

Parmi les penseurs qui me tombèrent alors sous la main, il en est un, monsieur, dont l'impression sur moi fut bien vive. On le nomme M. Pierre Biret ; il est l'inventeur des livres qui ne finissent pas. Je désirais savoir ce qu'un métaphysicien aussi prodigieux pensait de la vie future, et je lus avec avidité ses ouvrages, en regrettant qu'il ne sût pas les finir. Ce fut pour moi une découverte. Dans mes préjugés naïfs, j'avais toujours compris l'existence qui nous attend comme une chose essentiellement distincte de celle-ci : je croyais qu'il était donné aux âmes de s'envoler vers un autre monde, plus riche en félicités, moins abondant en misères. M. Pierre Biret détruisit cette erreur : il me révéla le système de *la perpétuité des individus au sein de l'espèce*, qu'il a inventé d'après Pythagore. C'est simple, mais c'est beau. Nous avons déjà vécu et nous vivrons, toujours sur la même terre, sous la calotte du même ciel. Autrefois Athéniens, nous sommes Français aujourd'hui, dans deux siècles nous serons Moscovites. Un homme s'est appelé Caïus à Rome, il se nomme en France Paturot, il sera Tchien-Kang en Chine avant peu, car, ainsi que le dit M. Pierre Biret, *nous sommes non-seulement les fils et la postérité de ceux qui ont vécu, mais au fond et réellement ces générations antérieures elles-mêmes.*

Cette explication de la vie me jeta dans des transports infinis : je voyais s'ouvrir un nouveau ciel. Mourir n'était plus dès lors aller vers l'inconnu, ce problème rempli de mystérieuses terreurs ou d'espérances excessives. Mourir, c'est changer d'état. La profession de poëte déplaît, on se tue et l'on renaît portier. O grande découverte! ô incommensurable révélation! Je voulus y associer Malvina : c'était un moyen de la prendre par son côté faible ; je lui expliquai donc M. Pierre Biret.

— Malvina, disais-je à cette fille, tu n'as pas sur cette terre le rang qui devrait t'appartenir. Tu es quelque impératrice du Thibet infusée dans le corps d'une fleuriste. Un coup de tête, et le charme est rompu : tu te choisis alors une autre situation, tu retiens la place de reine des Français pour l'an 1957. Vois ce que tu gagnes au change. On meurt pour renaître, on remeurt pour rerenaître, et ainsi jusqu'à extinction de chaleur vitale. O saint Pierre Biret! priez pour nous !

J'avais beau prodiguer les spéculations de ce genre, exposer de nouveau la théorie de la perpétuité des individus et la manière de s'en servir, rien ne touchait Malvina. Non-seulement elle ne voulait pas m'accompagner dans mon expérience, mais elle me défendait expressément d'en user pour mon propre compte. Cette obstination me jeta dans un désespoir sombre : je ne mangeais plus, je ne dormais plus. Des fantômes assiégeaient mon chevet, j'étais en proie à une agitation sans trêve. Rien dans ce monde ne me paraissait digne du moindre souci, je laissais ma vie s'éteindre comme une lampe qui manque d'aliment. Peu à peu les ressorts de ma constitution, naguère excellents, s'affaiblirent, se désorganisèrent : je voyais mes forces dépérir, mes facultés s'altérer, et mon moral s'aggravait de toute ma faiblesse physique. Mon visage, hier florissant, était réduit à un état d'émaciation cadavéreuse. Bref, sans une crise violente, j'étais un homme perdu. Quand Malvina eut compris cela, elle changea subitement de langage. Je vous l'ai dit, monsieur, le dévouement occupait une grande place dans le cœur de cette fille. Ne pouvant triompher de mon idée fixe, elle s'y associa.

— Jérôme, me dit-elle un jour, tu as raison : c'est un triste logement que ce monde, allons en chercher un autre : tu prieras M. Pierre Biret de nous faire tirer un bon numéro. Nous verrons si je renaîtrai avec un équipage et deux cent mille livres de rente. Je suis curieuse de voir ça.

Depuis ce jour, elle se montra plus pressée que moi de hâter le moment décisif. Nous délibérâmes ensemble sur le moyen : elle se prononça pour le charbon, qui était plus familier à ses souvenirs et aux études qu'elle avait faites dans Paul de Kock. Je n'avais là-dessus aucune espèce de préférence : il fut facile de s'entendre sur ces détails. Malvina paraissait de plus en plus impatiente d'en venir au dénoûment. Nos préparatifs furent vite achevés. Avant de quitter la vie, je voulus laisser à mon oncle un dernier souvenir; je lui écrivis une lettre dans laquelle je lui retraçais longuement mes douleurs, les combats de mon âme, les vicissitudes de ma destinée, et j'achevais ainsi :

« Pardonnez-moi, père Paturot, de n'avoir pas su
« résister à la fatalité qui me poursuit. Je paye un
« tribut à la faiblesse de notre nature et à un con-
« cours de circonstances que je n'ai pu vaincre. Je
« porte la peine de mon orgueil et de mon indécision.
« Sans doute, si j'avais prévu où me conduisaient
« cette aspiration vers la gloire, ce besoin de célé-
« brité qui ont tourmenté ma jeunesse, j'aurais pu

« trouver un abri dans la carrière où ma famille a
« vécu obscure, mais honorée. J'ai visé plus haut,
« j'en suis puni. Aujourd'hui il est trop tard : je sens
« que l'ambition d'un rôle impossible n'est pas
« éteinte en moi, et j'aime mieux m'en aller que
« d'endurer plus longtemps un tel supplice. Adieu,
« plaignez-moi, et ne maudissez pas ma mémoire.

« Jérome Paturot. »

Cette lettre devait être mise à la petite poste le soir, pour que mon oncle ne la reçût que le lendemain matin quand tout serait accompli. Ainsi, le père Paturot serait prévenu trop tard pour empêcher le sacrifice, assez tôt pour nous faire rendre les derniers devoirs. Il faut vous dire que j'avais évité de parler à la fleuriste de ce cher oncle, de peur qu'elle ne conspirât avec lui pour vaincre mes répugnances au sujet de la bonneterie. Quand la lettre fut écrite, Malvina la prit et se chargea d'aller la jeter dans la boîte voisine. En même temps elle devait exécuter quelques commissions et régler nos petites affaires au dehors. Elle sortit.

J'étais donc arrivé à l'heure solennelle ; je l'envisageai sans crainte comme sans affectation. Depuis trois mois, je m'étais habitué à cette pensée ; elle m'accompagnait partout. Resté seul, je relus une partie de mes poésies, et j'y découvris une foule de beautés nouvelles. Il me semblait que mon lyrisme avait été méconnu, et que, pour être compris, les trésors répandus dans ces recueils avaient besoin de la consécration de la tombe. Cette revue rétrospective m'absorba assez vivement pour me faire oublier les heures, et c'est à peine si je m'aperçus que Malvina prolongeait son absence. Enfin, elle rentra avec tous les ustensiles nécessaires à l'accomplissement de nos desseins : du charbon, un réchaud, du papier pour murer les ouvertures par lesquelles l'air pouvait s'introduire. Rien n'avait été omis ; le dernier approvisionnement était complet. Malvina couronnait la scène par un air solennel approprié à la circonstance. Nous nous trouvions dans toutes les conditions du drame. Ce spectacle m'exalta.

— Mon amie, lui dis-je, ce n'est pas tout : avant de se séparer du monde, on lui doit un adieu. C'est de la plus stricte politesse. Voici une table, du papier et de l'encre : écris un mot à la société : moi, poëte, je vais lui laisser le chant du cygne.

— Connu, répliqua-t-elle ; il faut que l'autorité soit prévenue, comme dans *Mon Voisin Raimond*, de Paul de Kock.

Et elle écrivit :

A mosieur le comisaire de polise du quartier.

« Quon naquse personne de ma mor je meur avec
« Gerome volonterement la vie et un deser nous alon
« cherché mieux que cela votre servante

« MALVINA »

Pendant qu'elle se livrait à son style naïf, je demandais à l'inspiration un dernier chant, jaloux de laisser un lumineux sillon que les journaux du lendemain pussent reproduire dans leurs colonnes. Voici mes stances :

Au banquet du pouvoir infortuné convive,

Je m'assis et m'y consolai ;
Mais quand on me traita d'une façon trop vive,
Tranquillement je m'en-allai.

Je vais donc terminer cette rude existence
Avec la femme qui l'orna ;
Je vais, en écrivant une dernière stance,
M'immoler avec Malvina.

Adieu, Max et Valmont ! Je pardonne à Flouchippe
Je plains, j'excuse Saint-Ernest ;
Je m'éteins dans la ville où règne Louis-Philippe,
La nuit, par un très-gros vent d'est.

Magistrats, de ma mort qu'on n'accuse personne,
Je m'en vais volontairement :
Le vrai sage, ici-bas, lorsque son heure sonne,
Sait filer insensiblement.

J'abandonne ce monde, insidieuse attrape,
Sans courroux, comme sans regret ;
Mais, pour m'indemniser, je renaîtrai satrape
Par le procédé de Biret.

Oui, puisque évidemment la vie est une ronde,
Une gigue, une cachucha,
Partons sans plus tarder ; si le ciel me seconde,
Peut-être reviendrai-je en schah.

Mollement étendu sous un dais de lentisques,
Alors je verrai, près de moi,
Voltiger sans corset trente-deux odalisques
Palpitantes d'un doux émoi.

Revivre oriental ! Dieu ! l'excellente aubaine !
Fumer du tabac des plus sains,
Avoir la beauté blanche et la beauté d'ébène,
Tout près de soi sur des coussins !

Allons, mon corps, allons, d'où vient que l'on diffère ?
Filons, pas plus tard qu'aujourd'hui.
Mourir, c'est rajeunir ; mourir, c'est se refaire
Dans un plus agréable étui.

Quand j'eus écrit cette dernière strophe, je me levai rayonnant; l'enthousiasme illuminait mon visage.

— Au moins, m'écriai-je, l'univers saura ce que je valais. Malvina, donne-moi ta main; que la mort ne nous désunisse pas.

Le réchaud était allumé, l'air se raréfiait; nous nous disposâmes de la manière la plus convenable et la plus commode pour bien mourir.

XVI.

PATUROT BONNETIER.

J'ignore, reprit Jérôme, si l'imagination a joué un rôle dans les souvenirs qui me restent de cette crise, et si je n'ai pas pris quelques symptômes nerveux pour des sensations réelles ; mais à peine me fus-je étendu sur mon lit avec la persuasion d'une mort immédiate, que j'éprouvai dans tout mon être une sorte de calme plein de langueur. Il me semblait que les particules éthérées se dégageaient de mon corps pour aller se perdre et se baigner dans un océan de fluide. Il est vrai que, peu de jours auparavant, j'avais lu, dans Swedenborg, quelque chose qui ressemblait à ce phénomène. Un engourdissement graduel s'emparait de mes sens, les perceptions devenaient de plus en plus lentes et confuses. Vivre et penser m'obligeaient à un effort que je me sentis bientôt incapable de prolonger. Je cédai et tombai dans l'anéantissement le plus profond.

Un bruit extraordinaire eut seul la puissance de me tirer de cette léthargie. On frappait à la porte de notre chambre à coups redoublés; impossible de mourir par un tel tapage. Malvina ouvrit les yeux et se mit sur son séant :

— Ah çà! mais c'est indécent, dit-elle; on ne peut pas seulement trépasser en paix dans cette maison. Vous verrez qu'il faudra donner congé pour s'expédier à l'aise.

— Ouvrez, ouvrez donc! criait une voix du dehors.

— Plus souvent, quand on a déjà un pied dans l'autre monde! Voisin, vous vous trompez d'étage : laissez-nous pour dix centimes de tranquillité. On est en affaires, entendez-vous?

— Ouvrez, ou j'enfonce la porte.

— En voilà une sévère : nous sommes en plein Congo. Qu'on vienne encore vanter les autorités! voilà de leurs coups; on viole les domiciles des citoyens à une heure après minuit. Es-tu mort, Jérôme?

— Non, Malvina, mais peu s'en faut, lui dis-je.

Il paraît que l'impatience gagna les personnes qui faisaient le siége de notre chambre; car j'avais à peine prononcé ces mots, que les panneaux de la porte volèrent en éclats. Un homme entra par la brèche, et courut vivement vers la fenêtre, qu'il ouvrit toute grande. Aujourd'hui que j'y songe, je crois, monsieur, qu'elle n'avait jamais été bien fermée. L'air extérieur, pénétrant avec abondance, me ranima, et je reconnus alors le père Paturot, debout devant mon lit, les bras croisés, et me regardant avec un air de compassion douloureuse.

— Comment, mon oncle, c'est vous?

— Oui, c'est moi, mon enfant; et, par bonheur, je suis arrivé à temps.

— Mon oncle, lui dis-je d'une voix caverneuse, je ne vous attendais que demain; vous me faites manquer mon programme, vous m'obligez à faire les frais d'une nouvelle représentation.

— Malheureux, répliqua le vieillard, peux-tu parler ainsi? Ce n'est pas du courage, Jérôme, que d'abandonner la partie, parce qu'on ne se sent pas la force de supporter le poids du jour : c'est de l'égoïsme, et du plus mauvais. Sans que tu en aies rien su, je t'ai suivi dans tes aventures; je comptais qu'enfin tu me reviendrais. Les chimères n'ont qu'un temps, et l'âge emporte bien des rêves; mais je ne croyais pas que tu pusses jamais songer au suicide. Un Paturot!

— Oncle touchant, vous avez parfaitement raison, dit alors Malvina en adressant au vieillard un sourire dans lequel perçait un soupçon d'intelligence; mais chacun a sa manière de comprendre la vie. Nous voulions changer d'enveloppe : c'était notre idée. Nous en avions le droit; les vers à soie l'ont bien. Tout le monde n'est pas forcé de se contenter de la pelure que le ciel lui a donnée : quand on est délicat et difficile, on tâche de s'améliorer au physique et au moral, suivant le procédé d'un marchand de perlimpinpin dont j'ai avalé le nom. Tel est le fin mot de la chose.

— Comment! et vous aussi, mademoiselle, de gaieté de cœur vous renonciez à la vie?

— Distinguons, oncle éloquent. Moi, cette vie me

va, voyez-vous. Qu'est-ce qu'il me faut? quatre sous de flan dans les grandes occasions, deux paires de brodequins par an, du mouron pour mes oiseaux, et Jérôme près de moi. Avec ça, respectable bonnetier, je serai toujours gaie comme une linotte. Mais Jérôme en avait assez de ce monde, il était entiché de le quitter ; alors j'ai réfléchi, et je me suis dit : — Puisqu'il ne veut pas rester avec moi, il faut s'en aller avec lui. Voilà tout l'historique.

Cette leçon indirecte, que je recevais dans un pareil moment et sous l'empire des circonstances antérieures, produisit sur moi une salutaire impression. Je compris que le père Paturot avait raison; je n'étais qu'un profond égoïste. J'allais sacrifier tout ce qui m'était cher à je ne sais quelle vanité maladive. Le voile qui avait obscurci ma vue se déchira; je commençai à m'initier aux réalités humaines, à entrevoir que ce monde ne se compose pas seulement d'hommes affamés de célébrité, marchant à la fortune ou à la gloire par le bruit et le charlatanisme. La conversion ne devait s'achever que plus tard ; mais elle était commencée. La maladie avait été grave ; c'était beaucoup que d'entrer en convalescence. Mon oncle obtint de moi la promesse que je ne chercherais plus à attenter à mes jours : le temps devait faire le reste.

Le père Paturot demeura une partie de la nuit près de nous. Avec une adresse infinie, il revint à son idée favorite, sut si bien caresser mes faiblesses et ménager mes répugnances, qu'il parvint à me faire envisager la bonneterie à un point de vue tout à fait nouveau. A mesure qu'il en détaillait les avantages, j'étais étonné de les avoir si complétement méconnus ; je me reprochais d'avoir cédé à un préjugé vulgaire, de ne pas m'être tenu en garde contre l'impression défavorable des mots, de n'être pas allé jusqu'au fond des choses.

— Jérôme, me disait mon digne parent, tu as de l'ambition, rien de mieux ; mais elle sera toujours impuissante, si elle continue à être aussi maladroite. Tu sais mieux t'exalter que calculer, mon garçon. Exemple : tu as fait fi du commerce, sous prétexte qu'on y vend des bonnets de coton et des chaussettes. Eh ! mon ami, c'est le chemin des honneurs aujourd'hui. Qu'est-ce que tu vois à la tête des affaires et au premier rang ? Des marchands de drap et des marchands de chandelles. Prends tous les noms qui comptent dans le gouvernement, parmi les députés, parmi les pairs ; tu y verras une foule d'hommes qui ont commencé par la jarre d'huile et le pain de sucre. Cherche bien, tu y trouveras des bonnetiers.

— Au fait, interrompit Malvina, j'ai connu des bonnetiers cossus et très-bon genre. Il y en a un dans *Sœur Anne* qui est un vrai bijou.

— Te voilà, je suppose, installé demain dans mon commerce de détail. Moi, je prends mes invalides, je me retire. Le temps de te mettre au fait ; puis je vais planter mes navets à Meudon. Alors tu entres en exercice. Dès le lendemain, tu es électeur ; tu payes 310 francs de patente et de personnel, plus 405 francs de foncier pour la maison qui t'appartient. Donne le champ libre à ton ambition, tu peux prétendre à tout : tu nommes les députés, tu concours aux élections municipales et départementales, tu es garde national et membre du jury. Ta voix acquiert de l'importance; tu te lances, tu deviens meneur, tu travailles ton quartier; tu te fais nommer capitaine de ta compagnie. Bien! c'est un premier pas. On t'invite au château, et tu y jouis de la conversation du roi des Français. Ce n'est rien; on va renouveler le conseil municipal : avec de la souplesse et du temps, Paturot, tu peux être maire, ceindre l'écharpe, présider aux mariages et aux naissances de la localité. De maire à député, il n'y a que la main, et de député à ministre que la parole. Du casque à mèche, tu aboutis au portefeuille par le chemin le plus court. Ce ne serait, certes, pas une nouveauté : plus d'un bonnet de coton a passé au pouvoir.

Ces perspectives inattendues captivaient mon attention et imprimaient un nouveau cours à mes idées. Évidemment, j'avais été injuste vis-à-vis de la profession de mes pères : elle avait des côtés séduisants et glorieux, elle pouvait me servir de marche-pied plus direct que les vaines carrières dont je m'étais follement engoué. Malvina ne se contenait plus : des larmes de bonheur coulaient de ses paupières; elle se voyait lancée dans les grandeurs.

— Oncle bienfaisant! disait-elle, vous pouvez dormir tranquille; nous sommes convertis à la culotte de tricot. Votre neveu vous fermera les yeux; c'est une satisfaction qui vous est bien due. Donnez-nous votre bénédiction, et allez vous mettre au lit. Adieu, oncle adoré, amour d'oncle! il est de toute évidence que le détail des objets de coton ne déprave pas le cœur... Je vais prendre le rat pour vous reconduire.

Le père Paturot se retira en me faisant promettre que le lendemain j'irais déjeuner chez lui avec Malvina. Il était trois heures du matin : à peine nous restait-il le temps de prendre un peu de repos. Cependant, avant de m'endormir, une idée me traversa l'esprit. L'oncle Paturot n'aurait dû, à la rigueur, connaître mon dessein que lorsqu'il aurait été accompli. Pourquoi était-il arrivé, le soir même, ma lettre à la main? Tout était, néanmoins, calculé pour que cette lettre ne lui fût rendue que le jour suivant. Par quel moyen extraordinaire l'avait-il reçue? Cette circonstance me semblait si inexplicable, que je ne pus pas fermer l'œil. Je fis part de ma préoccupation à Malvina.

— Comment diable a-t-il été prévenu? lui dis-je.

— Tu m'ennuies, me répondit-elle, laisse-moi dormir. Est-ce que tu vas rêver éveillé, à présent?

— Qui lui a remis ma lettre?

— Parbleu! la poste aux pigeons, service extraordinaire. Voyons, finissons-en, et ferme l'œil. Tu demanderas une explication à ton traversin.

Elle me tourna le dos, et ne me répondit plus. Après quelques minutes d'insomnie, la fatigue me vainquit, et je ne me réveillai qu'au grand jour. J'avoue que le premier rayon qui frappa ma vue m'inonda d'une joie intérieure. Je ne croyais plus revoir le soleil, et depuis longtemps mon âme ne se plaisait qu'aux ténèbres. Ce bonheur, ce tressaillement étaient un symptôme de guérison. Déjà, en effet, j'avais repris des forces, et il m'avait suffi de faire un retour vers la vie pour que la vie affluât de nouveau en moi. La nature généreuse sut réparer en peu de jours les ravages d'une longue période de douleurs. J'étais résigné à mon sort, et presque heureux de ma résignation.

Comme nous l'avions promis au père Paturot, nous nous rendîmes chez lui dans la matinée. Il s'était dit qu'il tuerait le veau gras le jour de mon retour : en effet, son déjeuner fut splendide. La massive argenterie de la maison, les porcelaines vrai Japon qui, de temps immémorial, se transmettaient dans la famille, les cristaux, le linge damassé, rien n'y manquait. Malvina trouva tout cela très-cossu, très-bon genre. Cependant, il n'y eut pas de conviés ; ce fut un repas de famille. Mon oncle avait compris ma position vis-à-vis de Malvina ; et, à la manière dont il s'exécuta sur ce point, je vis qu'il avait la conscience de ce que valait cette fille. Il y a même eu là-dessous une sorte de connivence dont je n'ai jamais eu complétement le secret. Peu importe : Malvina était agréée, c'était l'essentiel. Après tous les événements où elles s'étaient trouvées confondues, nos destinées étaient inséparables. Je sus un gré infini à mon oncle d'aller au-devant de cette explication et d'accepter les faits accomplis, auxquels il ne manquait plus que la sanction légale.

Au dessert, le père Paturot se fit apporter par son garçon de magasin quelques livres de comptoir ; et, après avoir mis ses lunettes, il en ouvrit un.

— Jérôme, dit-il, depuis dix ans que ton père est mort, je t'ai, à ton insu, associé à mon commerce, et je te dois des comptes. Ta part de bénéfices est de cent quatre-vingt mille francs, sur lesquels il y a cinquante mille francs à déduire : on les a passés par profits et pertes au compte du bitume impérial de Maroc. Restent cent trente mille francs qui constituent ton fonds de roulement pour le magasin. Maintenant, j'y joins, en avancement d'hoirie, cent mille autres francs et la suite de la maison. Provisoirement, tu te tireras d'affaire avec cela : à ma mort, tu trouveras encore une petite poire pour la soif. C'est ma pension de retraite; tu n'attendras pas longtemps le capital.

— Mon oncle! lui dis-je.

— J'en mouillerai vingt-deux mouchoirs, ajouta Malvina.

— Mon enfant, que voulais-tu que je fisse en ce monde si je ne m'étais pas occupé de toi? Tu es le dernier des Paturot, le portrait vivant de mon pauvre frère. Ma vie s'est concentrée dans cette seule idée : travailler pour ton avenir, te faire une position quand tu t'égarais dans mille expériences ou dangereuses ou folles. De tous les moyens qui conduisent à la fortune, les deux plus sûrs sont la persévérance et le travail. Je les ai pratiqués pour toi, à ton intention; j'ai vécu de privations et d'économies. Tu en recueilleras le fruit, mon neveu, ajouta le vieillard en essuyant une larme, et si notre nom n'est pas destiné à s'éteindre, si tu as des enfants, tu leur parleras quelquefois du père Paturot, qui a veillé sur toi comme une providence, et t'a sauvé du désespoir. Te voilà heureux, mon garçon : maintenant, je puis partir; j'irai porter de bonnes nouvelles à ton père.

Le vieillard succombait à son émotion ; nous nous jetâmes dans ses bras, et il s'ensuivit une scène d'effusion que Malvina animait avec son originalité habituelle. Dès le jour même, l'oncle nous investit des fonctions dont il avait si longtemps porté le fardeau. Il se contenta de diriger nos premiers pas, et l'initiation fut aussi prompte que facile. Les formalités qui manquaient à notre union furent remplies : Malvina devint madame Paturot. Elle est aujourd'hui, monsieur, l'une des bonnes têtes du commerce de détail. Personne ne possède à un plus haut degré qu'elle l'art de décider l'acheteur ; elle a le génie de la vente. Aussi le père Paturot vit-il promptement que sa surveillance était inutile. Dans le cours de trois mois d'exercice, Malvina avait surpris tous les secrets du métier. Alors l'excellent oncle n'eut plus qu'une idée fixe, celle de se confiner à Meudon pour y cultiver son petit jardin. Hélas! il lui arriva ce qui arrive à tous les marchands retirés. La transplantation lui fut fatale. A cet âge, on ne change pas impunément de milieu : les habitudes, l'air que l'on respire, les conditions de logement et de nourriture font partie des facultés vitales, surtout quand elles sont arrivées à leur dernier période. Nous vîmes le père Paturot décliner peu à peu, puis s'éteindre : sa mémoire survit seule aujourd'hui parmi nous pour y être à jamais bénie. Avant sa mort, il put embrasser un petit Paturot dont la vue remplit d'ivresse le cœur du vieillard. Il nous laissait cent mille francs, ce qu'il appelait sa réserve, sa poire pour la soif.

J'étais donc riche, heureux et bonnetier ; je ne rougis plus du mot. J'ai compris ce qu'il y a de précaire dans des existences en apparence plus brillantes. Certainement, monsieur, le régime des castes de l'Inde qui oblige le fils à suivre nécessairement la carrière du père est une loi sauvage, propre à étouffer le progrès et à faire dévier les aptitudes; mais il y a aussi un grand péril dans cette mobilité inquiète qui jette les enfants hors des chemins où leurs aïeux ont passé, dans ces ardeurs mal réglées, dans ces besoins de gloire précoce qui tourmentent les générations actuelles. On ne cherche pas à mériter les positions : on veut les prendre d'assaut; on demande à la fortune plus qu'elle ne peut donner, à l'imagination plus qu'elle ne peut produire. Le temps n'entre pour rien dans les calculs : on ne sait ni lutter, ni attendre; partout on veut jouir vite et n'importe par quels moyens. C'est ainsi que tout se perd, facultés, sentiments, honneur. Comme un autre, j'ai cédé à l'entraînement général. Il y avait en moi l'étoffe d'un bonnetier, j'ai voulu être poëte, saint-simonien, industriel, journaliste, écrivain politique, philosophe, et que sais-je encore? Combien en est-il, dans ces professions diverses, qui ont méconnu, comme moi, leur véritable vocation, et privé le pays d'épiciers et de chaudronniers de premier ordre!

Jérôme en était là de ses confidences, et peut-être eût-il poussé plus loin sa sortie irrévérencieuse contre d'anciens confrères, lorsque je vis entrer dans le magasin une jeune femme d'une figure heureuse et joviale. Elle portait deux enfants dans ses bras, et montrait en souriant les dents les plus blanches du monde. Jérôme me présenta à elle.

— Madame Paturot, dit-il, voici le client dont je t'ai parlé. Il me demande la permission de raconter nos aventures au public.

— Soit, monsieur, me répondit gracieusement la jeune femme; mais dites-lui bien qu'après avoir été bonne fille, Malvina met toute sa gloire aujourd'hui à être une bonne mère.

Ici semble s'arrêter le récit des aventures de Jérôme Paturot : après bien des épreuves il a trouvé un abri contre les déceptions de la jeunesse, et a tout l'air d'un bonnetier résigné et désabusé. Hélas ! que les apparences sont trompeuses ! La vanité est un mal opiniâtre et sujet aux rechutes. Je croyais Paturot à jamais guéri des fumées de l'ambition, et déjà un nouveau vertige s'emparait de lui. On vient de voir quelles illusions égarèrent son adolescence; l'âge mûr lui réservait d'autres mécomptes, d'autres vicissitudes, d'autres douleurs. Ce fut plus tard qu'il me fit ses dernières confidences et m'ouvrit son cœur pour la seconde fois. Le théâtre a changé : il ne s'agit plus de souffrances obscures, mais d'infortunes éclatantes. Paturot a franchi d'un bond tous les degrés de l'échelle sociale; il n'est rôle si haut auquel il n'aspire. On va l'entendre raconter lui-même cette nouvelle phase de sa vie et l'expiation qui en fut la suite.

SECONDE PARTIE.

I.

PATUROT BONNETIER ET GARDE NATIONAL.

Depuis la mort de mon oncle, notre commerce prenait chaque jour plus d'extension. La maison était ancienne, bien achalandée, mais il lui manquait l'élan et l'esprit d'initiative qui appartiennent à la jeunesse. Malvina y apporta cet élément : la vieille enseigne fit place à une enseigne neuve, l'or ruissela sur les devantures, l'acajou remplaça le noyer dans les comptoirs et les étagères, le gaz évinça l'huile, qui, de temps immémorial, éclairait le magasin. La réforme s'étendit jusqu'aux commis : tout ce qui dépassait quarante ans fut remercié, et la maison s'ouvrit à des employés dans la fleur de l'âge, que recommandaient des barbes de la plus belle venue.

Malvina avait le génie des découvertes, elle aimait l'original, l'imprévu. Aussi, notre étalage devint-il, de sa part, l'objet d'une étude savante. Il est des bonnetiers qui, pour avoir fait peindre un œil dans une résille de voyage, ou tendu un bas de soie sur un mollet de bourre, se croient dispensés de se mettre vis-à-vis du public en frais d'imagination. Ce n'est pas ainsi que Malvina comprenait ses devoirs; elle était jalouse d'ouvrir d'autres perspectives à la bonneterie. Que de surprises n'a-t-elle pas ménagées au passant! que de ressources! que d'inventions inépuisables! Si les industries n'étaient pas généralement ingrates, madame Paturot jouirait, à l'heure où j'écris, d'une statue; mais on encourage si peu les artistes en France!!! Avant madame Paturot, où en était le pantalon de tricot? où en était le gilet de flanelle? C'est pitié de le dire : à l'état empirique. On découpait, par exemple, d'informes enveloppes, on les cousait à la diable, on les ornait de boutons fabuleux, et on appelait cela, par un étrange abus de mots, des gilets de flanelle. Les capotes grises de nos soldats sont des objets d'art en comparaison! Malvina fit sortir le gilet de flanelle de cette condition rudimentaire; elle veilla aux entournures, améliora les dispositions générales de ce vêtement, et le mit en harmonie avec le corps humain. On ne connaissait que la flanelle blanche : elle mit en vogue la flanelle de couleur, et lui donna des destinations hygiéniques. Chaque nuance avait une vertu particulière : le rose pour les maladies de poitrine, le violet pour les affections d'estomac, le bleu pour les désordres du foie, le jaune pour les palpitations de cœur. Les chalands se mettaient cela sur l'épiderme, et se croyaient à moitié guéris : l'imagination est un si grand docteur!

Madame Paturot cultiva une autre *spécialité*, comme on dit dans l'idiome industriel; elle perfectionna le maillot, l'honneur et l'écueil des bonnetiers.

Le public, qui, sous les mille becs de gaz de l'Opéra, s'abandonne au culte de la forme, ignore les perfidies du coton et de l'ouate, dont son œil caresse amoureusement les contours; il ne soupçonne pas les stratagèmes, les illusions du maillot; il se contente d'en jouir, le malheureux! Il croit aux gras de jambes chimériques, et va même plus loin dans cette région de l'idéal. C'est là le triomphe des coussins et de la garniture! Un sculpteur prend un bloc de marbre, et l'arrondit en formes gracieuses : le bonnetier est moins bien partagé; on lui livre un manche à balai pour en faire une Vénus Callipyge. Madame Paturot excellait dans cet art; elle avait le coup d'œil du statuaire. La chorégraphie de l'Opéra n'avait pas de secrets pour elle; personne n'en connaissait mieux le fort et le faible. Sur l'examen le plus superficiel, un sujet était jugé. Malvina en prenait la mesure.

— Trois centimètres et demi de creux, disait-elle, quatre centimètres, cinq centimètres!!!

C'était infaillible; il fallait rembourrer le maillot de ça, et la scène de l'Opéra avait un modèle de plus. Que de déesses et de dieux ont été piqués et garnis dans nos magasins! que d'Antinoüs ont reçu cette préparation nécessaire! que de nymphes du corps de ballet ont réclamé ce supplément aux dons de la nature! Nos maillots ont laissé des traces à l'Académie royale de musique : on les cite encore pour le mérite de la perspective et la perfection du modelé.

Dans ces conditions, le succès de notre établissement ne connut plus de limites. J'étais devenu l'un des plus grands industriels du détail; mes affaires s'élevaient à un million par an. A la clientèle solide, que m'avait laissée mon oncle, j'avais su joindre une clientèle élégante qui s'approvisionnait d'objets de fantaisie dans lesquels le bénéfice est presque arbitraire. Les belles marquises, les duchesses empanachées assiégeaient mes magasins; j'avais la vogue. Les inventaires du 31 décembre allaient chaque année en s'embellissant, et ma fortune s'accroissait d'une manière miraculeuse. On ne se fait pas une idée de ce que peut rendre un commerce semblable à Paris, quand l'achalandage est en première ligne. On y bat monnaie : cent, cent cinquante mille francs s'ajoutent tous les douze mois au capital. C'est trop, vraiment trop! Voici un magistrat, un président de tribunal qui touche de quinze à dix-huit cents francs, et les fortunes d'un arrondissement sont à la merci de son intégrité! Voici un militaire, un brave et loyal officier, un capitaine qui, pendant trente ans, aura fait au pays le sacrifice de sa santé et de sa vie; il se retire avec douze cents francs de pension! Voici un instituteur primaire à qui le budget n'assure que cent écus, un digne curé qui doit se contenter de mille francs, sur lesquels il prélève la part du pauvre! Et un bonnetier, dans l'exercice de ses fonctions sociales, percevra cent fois autant qu'un président de tribunal, cent vingt fois autant qu'un curé, cinq cents fois autant qu'un instituteur primaire! A ce compte, le bonnet de coton tient un haut rang dans notre échelle rémunératoire; il n'est vaincu que par la *cachucha* de la danseuse et l'*ut* de poitrine du ténor.

J'étais donc un des hauts barons du commerce de détail et de demi-gros. On ne se rend pas suffisamment compte de la puissance qui s'attache à cette fonction. C'est là que réside une portion de la vie de Paris, ce fournisseur breveté du genre humain. Les destinées du monde tiennent plus qu'on ne l'imagine à cette intéressante population qui peuple les rez-de-chaussée de la capitale. Les invasions, les révolutions ne se font pas sans elle ; il faut, en toutes choses, compter avec ses passions, avec ses préjugés, avec ses intérêts. Un instant elle a supporté les Cosaques qui se présentaient à l'état de clientèle ; mais le jour où ces exotiques n'ont plus eu de métal à verser sur les comptoirs des magasins, sur les tables des cafés, ou dans les temples de la débauche, ils sont redevenus, aux yeux des patentés, de farouches ennemis, des êtres dénués de toute civilisation. L'industriel parisien prend ainsi parti pour et contre dans les grands événements. Il était avec les libéraux contre la restauration ; il s'est déclaré contre l'émeute après la révolution de juillet. Règle générale, le détaillant demande avant tout la prospérité de la vente et la tranquillité des échéances. Quand les affaires marchent, il est de l'opposition ; quand elles ne vont pas, il se range du côté du gouvernement. Si les trois journées avaient duré huit jours, le commerce de détail aurait eu un retour vers Charles X. Tout ce qui trouble l'horizon de ses devantures lui est insupportable : il ne pardonne pas à une opinion qui l'oblige à fermer précipitamment ses panneaux. Voilà ce qu'il faut savoir quand on est homme d'État, ou qu'on aspire à le devenir. La faveur du détaillant parisien est un thermomètre politique infaillible ; il y a peu de chances de succès pour les causes qu'il n'adopte pas, et celles qu'il abandonne sont bien compromises. Le niveau du pavé lui appartient, et le pavé, à Paris, c'est l'empire.

Ce serait une curieuse étude que celle de ce monde où domine la plus ingénieuse activité. Si je n'avais pas à raconter ma propre histoire, peut-être essayerais-je de retracer celle-là. En suivant ce récit, on en retrouvera d'ailleurs quelques éléments. *Ab uno disce omnes!* Par le spectacle des ambitions et des souffrances d'un bonnetier, on s'initiera au secret de ces existences qui ont deux chemins ouverts vers les grandeurs, la buffleterie et le vote, la garde nationale et le scrutin électoral. Sans doute le commerce de détail ne porte pas tout entier ses vues aussi haut; mais plus on s'avance vers des destinées industrielles, plus grand est le nombre des candidatures de marchands de chandelles, filateurs, banquiers, meuniers et droguistes. Dans ce sens, ce que je vais raconter est de la haute politique.

Depuis que je m'étais décidément fixé dans le quartier où mes ancêtres avaient exploité le tricot et débité le bas de laine, il m'avait fallu payer à la patrie l'impôt de la patrouille et de la faction. J'étais incorporé dans une compagnie de la garde nationale. Cette institution ne jouit pas, auprès des écrivains, d'une grande popularité; mais le commerce de Paris ne s'associe ni aux sarcasmes, ni aux répugnances de la littérature. Il se résigne aux ennuis du service, et comprend les avantages qui s'y attachent. Le droit de nommer un caporal ne lui semble pas trop acheté par quelques nuits blanches, et il est fier de se donner pour capitaines des ventres peu susceptibles d'alignement. D'ailleurs, qu'est-ce qu'un jour de garde ?

une diversion, une exception dans la vie. Or, toute exception est un plaisir, toute diversion une jouissance. On déjeune au café, on dort sur un lit de camp, on marche au tambour, on croise la baïonnette contre les caniches réfractaires, on veille sur le repos de Sa Majesté. Quel plus noble emploi un homme peut-il faire de son temps et de son intelligence! Certes, quand on sort de là les yeux en papillote et le pantalon crotté, c'est le cas de dire, avec un empereur romain, qu'on n'a pas gaspillé ses vingt-quatre heures.

J'étais à peine enrégimenté depuis deux mois dans ma compagnie, que j'y jouissais déjà d'une certaine influence. Malvina avait eu le soin, pour me rendre les jours de garde plus agréables, de choisir nos fournisseurs habituels parmi les voltigeurs dont j'avais à serrer les coudes. Notre boucher, notre boulanger, notre crémier, notre marchand de vin, notre pharmacien, notre épicier, étaient de la compagnie, et je voyais percer dans les manières de tout ce monde la considération qui s'attache à un client dont la maison roule sur un joli train de dépense. Une autre bonne fortune m'était arrivée : j'avais fait la conquête de notre sergent-major. On nommait ce gradé Oscar; il était peintre, et avait exposé au salon une omelette aux fines herbes qu'il décorait du nom de payage. Oscar et moi, nous nous convînmes sur-le-champ. Je lui parlai de M. Victor Hugo; il me parla de M. Delacroix : il appartenait à la classe des rapins chevelus, et professait sur l'esthétique des doctrines qui se rapprochaient beaucoup des miennes. Cette circonstance acheva la liaison. Je présentai Oscar à

Malvina, et depuis il devint un habitué de la maison, un ami, un inséparable. Insidieux Oscar !... Mais alors je ne lui connaissais d'autre défaut qu'une barbe un peu inculte, cachet d'une école mal peignée.

Aujourd'hui que j'y songe, je me rends difficilement compte de l'empire que ce serpent fascinateur a exercé sur moi, et du rôle qu'il a joué dans ma destinée. Oscar était original, cela est vrai ; il prodiguait à mes marmots des bonshommes qu'il croquait sur le comptoir, il entreprit le portrait de madame Paturot avec plus de témérité que de bonheur ; mais tout cela ne m'explique pas comment cet homme a été le maître chez moi pendant plus de trois années. Quand je quittai la vie des aventures pour la vie industrielle, je m'étais dit que je serais un bonnetier pur et simple, dans la plus étroite et la plus calme acception du mot. Je voulais finir comme dans les romans, vivre content, avoir assez d'enfants, et amasser beaucoup d'argent. Mes rêves n'allaient pas au delà d'une grasse et riche métairie où je voulais couler mes jours ; j'hésitais seulement entre la Normandie et la Touraine ; je me voyais gros fermier, et Malvina elle-même souriait à l'idée de nourrir de sa main une famille de volatiles. Eh bien, il suffit d'un Oscar pour renverser ces illusions. Un rapin chevelu traversa ma vie, et je me vis de nouveau lancé dans la région des orages.

Expliquez cela comme vous voudrez : au bout de quinze jours de connaissance, Oscar en était déjà au *tu* et au *toi*, comme un ami de vingt ans. Il me conduisit dans son atelier, où je surpris l'abus qu'il faisait du vert et du jaune; il se mit de moitié dans toutes nos parties, s'invita régulièrement à dîner chez moi, et tapissa mon salon de tous les paysages aux épinards et au beurre frais dont il ne savait comment se débarrasser. Je payais des cadres somptueux pour lui donner l'honneur d'une exhibition permanente. Malvina trouva d'abord que ce monsieur était un *sans-gêne*, puis elle finit par s'habituer à son babil et à sa barbe déréglée. Oscar l'amusait, et moi, faut-il le dire, il me dominait par son aplomb.

C'est à propos de la garde nationale qu'il démasqua d'abord ses batteries. Je faisais mon service comme un bon et zélé voltigeur, sans rien prétendre de plus, m'exerçant au maniement du fusil, et montant mes gardes avec une ponctualité exemplaire. Oscar ne voulut pas me laisser dans cette condition honorable, mais obscure. Il savait sans doute à quelles faiblesses j'étais sujet, et quel incendie pouvait allumer dans mon âme une excitation imprudente. Ce fut par ce côté qu'il m'attaqua. Un jour qu'il était venu au corps de garde, où son esprit et son originalité lui valaient toujours un nombreux auditoire, il se plaça en face de moi, et, croisant les bras avec un sentiment d'extase profonde :

— Jérôme, mon ami, s'écria-t-il, sais-tu bien que tu as un faux air de Napoléon?

— Allons donc, Oscar, pas de plaisanterie.

— Non, parole d'honneur, c'est tout le galbe de l'*autre*. Gobert, du Cirque, n'est pas plus Napoléon que toi. Tu dois avoir la bosse du génie militaire, pour sûr.

— Toujours farceur le rapin, répondis-je.

Oscar n'en voulut pas démordre ; il me passa la main sur le crâne, et y découvrit la protubérance du guerrier. Pendant cet incident, les voltigeurs de la compagnie s'étaient groupés autour de nous, les uns riant, les autres sérieux. Le sergent-major leur fit toucher ma boîte osseuse, analysa la coupe de mon visage, et leur prouva sans réplique que j'avais du Napoléon dans le nez, dans les lèvres, dans le regard. Quand il eut fini sa démonstration :

— Camarades, dit-il, nous avons pour capitaine un facteur à la halle aux huîtres. C'est dégradant pour la compagnie, qui ne doit aucune espèce d'épaulettes aux mollusques. Voici un candidat qui a du Napoléon dans l'œil ; c'est notre homme. Celui qui est mort à Sainte-Hélène approuverait ce choix : il le bénira du haut de la colonne. Vive le capitaine Paturot !

— Vive le capitaine Paturot ! répétèrent les dix fournisseurs de la maison.

C'est ainsi qu'Oscar improvisa ma première candidature.

II.

PATUROT CAPITAINE D'UNE COMPAGNIE MODÈLE.

La position d'Oscar était très-solidement assise parmi nos voltigeurs. Comme sergent-major, il avait pu rendre des services dont on lui tenait compte ; il se montrait coulant sur le billet de garde, et n'usait que modérément du conseil de discipline. Le peintre avait d'ailleurs des talents de société qui le rendaient populaire dans la compagnie ; il cultivait la ventriloquie avec succès, et exécutait au fusain les charges les plus bouffonnes. Pour perdre à jamais le facteur aux huîtres, dont il me destinait la survivance, il dessina sa caricature dans tous les corps de garde, et le doua d'un nez fabuleux qui lui enleva quarante voix. En même temps, il persistait dans la prétention de faire de moi un Napoléon ; il me croquait en petit chapeau, en redingote grise, les mains derrière le dos, de mille manières. Ainsi, peu à peu, le capitaine en exercice voyait son étoile pâlir devant l'astre naissant du capitaine en expectative.

Ce travail préparatoire dura plus d'un an ; il fallait attendre de nouvelles élections. Enfin le jour critique arriva. Depuis deux mois, Malvina travaillait les esprits du voisinage ; elle forçait ses approvisionnements comme si Paris eût été menacé d'un siége. Les fournisseurs redoublaient d'égards pour une aussi bonne maison, et recrutaient ouvertement des voix pour leur précieux client. Le marchand de vin embaucha dix voltigeurs, l'épicier huit, le charcutier en gagna quatre, le mercier trois ; mais Oscar fit à lui seul plus que ces industriels ensemble : jamais il ne s'était mis en frais pareils. A chaque garde c'étaient des prodiges nouveaux : il contrefaisait l'âne, le coq, le chien, le chat, avec une vérité d'intonation qui enlevait la compagnie ; il dialoguait, il soutenait une conversation à trois, à quatre, à cinq, à dix, il donnait des représentations ordinaires et extraordinaires. Un ébéniste, qui tenait encore pour le capitaine en fonctions, ne résista pas à un cancan agréablement dessiné ; un coquetier capitula devant un portrait à l'huile de ses deux marmots, et un plumassier passa dans notre camp à la suite d'une enseigne où Oscar avait prodigué tous les épinards de sa palette. Cette propagande prenait un tel caractère, qu'elle me menaçait de l'unanimité. Le facteur aux huîtres était anéanti ; il ne lui restait plus qu'à pleurer sa défaite sur un monceau d'écailles.

Cependant, au dernier moment, la lutte s'anima. Le capitaine en titre ne voulut pas se laisser absorber ans résistance : il opposa des cloyères aux diverses influences que j'avais mises en jeu contre lui. C'était hardi. Pendant trois jours, la compagnie fut inondée de testacés, comblée de bivalves, accablée d'huîtres, pour les appeler par leur nom vulgaire. Mais mon concurrent abusa de ses avantages ; il poussa trop loin ses moyens de défense, il les fit aller jusqu'à l'indigestion. Dès lors la chance me revint. Oscar, d'ailleurs, traita de haut les moyens de séduction employés par mon adversaire ; il poursuivit de tant de plaisanteries ce qu'il nommait le parti des huîtres, qu'aucun voltigeur ne voulut en être d'une manière ostensible. Il ne resta plus dès lors à mon antagoniste que des défenseurs honteux et combattus.

Le jour du vote, mon rapin fut prodigieux ; chaque poil de sa barbe rousse semblait hérissé pour la circonstance. Il allait d'un groupe à l'autre, excitant les uns, narguant les autres, distribuant des poignées de main ou des regards foudroyants. Mon adversaire s'était assis dans un angle de la salle ; Oscar l'y relançait avec ses sarcasmes.

— Le voyez-vous sur son banc, le capitaine des

huîtres?... Garçon, du citron pour arroser ce monsieur !... Je veux qu'on m'en ouvre une douzaine à déjeuner, de ces gradés-là !... Voltigeurs, comment voulez-vous qu'on vous serve vos officiers? avec ou sans coquilles?... Silence dans les rangs !... A gauche, huîtres, alignement... Par files sur l'assiette... en avant... happe !...

C'était un feu roulant de plaisanteries qui provoquaient des rires inextinguibles. Le facteur aux huîtres se morfondait dans son coin ; il ne savait quelle contenance tenir. Ses partisans n'osaient pas faire acte d'adhésion ouverte : ils l'abandonnaient dans la solitude. L'aplomb d'Oscar les démontait ; à peine se promettaient-ils de protester par un vote contre cette intimidation d'un nouveau genre. On alla aux voix. Quatre-vingts voltigeurs déposèrent leurs bulletins. Sur ce nombre, j'obtins soixante-cinq suffrages. Les autres se portèrent sur mon adversaire. J'étais capitaine. Mon rapin se précipita dans mes bras en criant : « Vive le capitaine Paturot ! » Et les voltigeurs, gagnés par une émotion contagieuse, l'imitèrent : je fus embrassé à la ronde. Le parti opposé s'était retiré, nous restâmes les maîtres de l'élection. Oscar passa sergent-major à l'unanimité, et les autres gradés furent choisis en famille. Les opérations terminées, il y eut un punch avec accompagnement de babas. Le rapin en fit les honneurs ; moi, je me contentai de payer la carte. Avant de se quitter, il fut convenu qu'un banquet par souscription servirait à célébrer l'événement de la journée, et qu'il aurait lieu aux *Vendanges de Bourgogne*. L'écot fut fixé à trois francs par tête, ce qui nous promettait du veau froid et de la salade à discrétion. Comme le disait Oscar, dans les repas de corps, il faut se régler sur les petites bourses ; les gens comme il faut en sont quittes pour dîner après.

La fête n'eût pas été complète si Malvina n'y avait pas eu sa part. L'ami de la maison lui avait ménagé une surprise. Certain d'avance du résultat, il m'avait forcé de commander un habit d'officier, avec deux superbes épaulettes neuves, l'épée et tous les accessoires. Cet uniforme au complet était chez lui ; nous nous y rendîmes. La plus grande discrétion avait été recommandée à nos camarades ; madame Paturot devait tout ignorer jusqu'à notre retour. Arrivé chez Oscar, j'endossai le bel uniforme, ceignis l'épée, et j'allais me coiffer de l'ourson dévolu aux voltigeurs, lorsqu'il m'arrêta :

— Un instant, me dit-il avec un air de mystère.

— Qu'est-ce donc ?

— Je veux te coiffer de ma main, ajouta-t-il.

Aujourd'hui, je découvre dans cette réplique, en la transcrivant, un féroce jeu de mots ; mais alors mon âme n'était pas ouverte à la défiance. Le propos, d'ailleurs, avait une explication naturelle. Du fond d'une armoire, le rapin tira ce que l'on nomme très-improprement un *tricorne*.

— Voilà, s'écria-t-il, voilà. C'est moi qui te l'ai fait retaper. Emboîte ta coloquinte là dedans.

— Eh bien ! après ? dis-je en essayant le chapeau.

— Parfait ! idéal ! ajouta-t-il en me l'ajustant, en le posant de diverses manières... Oh ! bravo ! bravo !... ne bouge plus... c'est frappant comme ça... parole d'honneur ! je crois revoir mon *Empereur*... Nous ferons émeute dans les rues... le peuple pensera qu'il revient à la tête de cent mille nègres, comme il l'a promis à Las Cases... Non, vrai, Jérôme, pas de blague, tu as l'air du trente-quatrième fils naturel du grand homme.

— Par la vertu de ton feutre, n'est-ce pas?

— Eh bien! dénigre-le, il ne manque plus que ça. Copié, poil pour poil, mon ami, sur le quatre-vingt-dix-neuvième chapeau de Marchand, celui que *l'autre* portait à Eylau. Il y a encore dans la coiffe de la neige du champ de bataille. Poil de lapin historique, quoi!

Bon gré, mal gré, il fallut obéir, mettre le chapeau impérial sur l'oreille, et m'offrir aux hommages de la population. Heureusement personne n'y prit garde. Les officiers de l'état-major ont tant abusé de la glorieuse coiffure, qu'aujourd'hui elle est tombée dans le domaine public, et même un peu plus bas. Nous arrivâmes ainsi au magasin. Malvina ne s'y trouvait pas, elle était montée dans l'appartement. Nous la surprîmes au coin du feu, en proie aux émotions de l'attente. Au premier coup d'œil, elle ne me reconnut pas; ces épaulettes luisantes, cet uniforme, ce chapeau, m'avaient presque transformé.

— Eh bien, bobonne! lui dis-je.

— Ah! c'est toi, s'écria-t-elle en s'épanouissant.

Je la reçus dans mes bras, je la pressai sur mon hausse-col. Oscar paraissait triomphant.

— Madame Paturot, dit-il avec solennité, je vous ai emprunté un bonnetier, je vous rapporte un capitaine. Rendez-moi ma monnaie.

— Ah! monsieur Oscar, voilà un service que je n'oublierai de ma vie.

— Merci, madame Paturot, riposta le profond scélérat, en caressant les poils de sa barbe orange.

Le rapin fut retenu à dîner; on s'assit, on causa les pieds sur les chenets. Si l'artiste, au lieu de se ruiner en couleurs et de voir tout en vert dans la nature, s'était borné à suivre la profession d'homme original, il aurait certainement conquis une position dans la société. La manière dont il avait conduit mon élection dénotait même un certain talent diplomatique; il eût figuré avec avantage dans les missions de Perse. Oscar jugeait bien les hommes; il avait le coup d'œil pénétrant, l'esprit observateur.

— Jérôme, me disait-il, te voilà capitaine; mais ce n'est pas tout que d'arriver aux deux épaulettes? Il faut s'y maintenir : c'est là le difficile.

<small>Les voltigeurs et les flots sont changeants.</small>

— Bah! répondis-je, un tas de moutons!

— Moutons aujourd'hui, tigres demain, Paturot! Vois le facteur aux huîtres! comme ils l'ont mis en pièces! Quel était son tort, à cet homme? trop bon enfant, voilà tout... un capitaine soliveau, quoi! La compagnie entière lui montait sur les épaules...

— Roi des huîtres, dit Malvina, avec l'accent de la commisération.

— Que ceci te serve de leçon, Jérôme. Il faut être de fer avec la compagnie. Tu as déjà un faux vernis de Napoléon; profites-en! Appelle-les grognards! Pince-leur l'oreille, en mémoire du grand homme; prends du tabac dans les goussets, croise les bras derrière le dos, promets-leur la croix d'honneur à la première bataille, accable-les de mots ronflants, et abuse de ton petit chapeau. Voilà ton programme.

— Bravo! Oscar, s'écria ma femme, oubliant d'ajouter monsieur dans son exaltation.

— Oui, capitaine Paturot, ajouta le peintre, si tu veux réussir, si tu veux devenir l'idole de la compagnie, il faut faire sentir ton grade. Nos voltigeurs n'ont pas assez l'esprit militaire; il convient de le leur inculquer. Une compagnie se mène par l'amour-propre; on veut paraître soldat, être remarqué pour l'alignement, exécuter un port d'armes d'ensemble, jouer à la petite guerre, s'abîmer d'exercices et d'évolutions. C'est là ce qui charme. Hors de là, il n'y a qu'une compagnie qui n'est pas une compagnie, et des pékins plus ou moins agréablement déguisés. L'esprit de corps, nom de nom, et le titre de compagnie modèle, sarpejeu!...

— Ah! monsieur Oscar, dit Malvina.

— Pardon, excuse, madame Paturot; mais c'est dans le rôle. Jérôme jurerait comme un sacripant, qu'il n'en aurait que plus d'empire sur les voltigeurs. Je lui recommande surtout de les éreinter d'exercices : c'est un moyen de se faire adorer. Il surprendrait de temps en temps des sentinelles dans leur guérite, que cela ne ferait pas plus de mal. Napoléon a usé de ce moyen. Que chaque voltigeur se dise, en voyant Paturot sous les armes : « En voilà un qui ne plaisante pas; en voilà un de *dur à cuire.* » Et il est capitaine à perpétuité.

Telles furent les instructions que me donna Oscar, et j'eus lieu d'en reconnaître plus tard la justesse.

Évidemment il connaissait son terrain, et savait comment doit s'exercer le commandement vis-à-vis de bourgeois en uniforme. Peut-être exagérait-il le prestige de certains souvenirs; mais si le tricorne historique n'ajoutait rien au programme, il n'y gâtait rien. J'avais donc mon rôle tracé; il n'y manquait plus qu'une chose, l'instruction nécessaire. En ma qualité de voltigeur, j'avais sans doute appris le maniement des armes, et j'exécutais avec assez de précision les trois ou quatre mouvements principaux de l'exercice à feu. Mais de là aux devoirs du capitaine, il y a toute la distance qui sépare l'élève du maître. Il fallait apprendre la tactique, tactique de peloton, tactique de bataillon, se former à l'art difficile du commandement, savoir comment on fait manœuvrer des soldats; enfin, s'initier à ces savantes évolutions de la guerre sur lesquelles le chevalier Folard a écrit un fort beau livre, et que Napoléon a tant de fois improvisées sur le terrain même où il engageait la bataille.

Or, il s'agissait de poursuivre cette étude en secret, de manière à ce que la compagnie ne s'aperçût pas que le grade avait précédé l'instruction. J'y apportai une grande adresse; fort réservé au début dans mes commandements, et les rendant plus fermes, plus accentués à mesure que je me sentais sûr de mon affaire. Désormais, plus de bonneterie pour moi! Le poids de la maison retombait tout entier sur Malvina. Adieu tricot et chaussettes! adieu mitaines et bas de soie! J'étais un foudre de guerre, l'odeur de la poudre m'enivrait. J'allais dans les plaines où s'exerce la troupe de ligne; j'admirais l'ordre de bataille, les dispostions par sections, la course au pas gymnastique, les changements de front, les mouvements des centres et des ailes. Peu à peu il me semblait qu'il y avait en moi du Turenne, du maréchal de Saxe, et qu'à une époque moins pacifique j'eusse pu, comme un autre, prendre Berg-op-Zoom ou enlever la chaussée d'Arcole.

Pendant que j'allais ainsi au loin me dresser à l'art de la guerre, mon sergent-major, dont l'éducation militaire était achevée, devenait de plus en plus le commensal inévitable de la maison. Madame Paturot était trop occupée pour abandonner le magasin; mais Oscar n'y regardait pas de si près; il s'y installait dans le cours de la journée, dérangeait les commis en leur racontant des gaudrioles, et ne quittait la place que pour aller augmenter le nombre des champs d'oseille qui garnissaient son atelier, sous prétexte d'une collection de *sites des environs de Rome*. Ces sites se ressemblaient tous; peut-être étaient-ils plus verts les uns que les autres : c'est la seule distinction que l'on pût établir entre eux. Probablement aussi le rapin prodiguait-il davantage sa couleur, quand ses moyens le lui permettaient. Dans ce cas, j'ai quelques reproches à me faire au sujet de ces écarts de verdure. Avec un ami moins généreux, Oscar aurait exécuté des prairies moins foncées, et l'art n'y eût rien perdu.

Quoi qu'il en soit, je m'étais déjà complétement emparé de la faveur de ma compagnie, quand arriva le jour du banquet de corps, commandé aux *Vendanges de Bourgogne*. La fête fut fabuleuse : le traiteur ne s'en tint pas au veau; il prodigua le mouton et le nectar à dix. C'était d'autant mieux à lui, qu'il avait là de cruelles pratiques. Abusant d'une formule qui veut que le pain et le vin soient à discrétion, le coquetier dévora deux kilogrammes de pain et but huit litres de liquide ; le plumassier suivit d'assez près son collègue dans son assaut de consommation ; enfin, il y eut, dans tout le bout d'une table, un complot suivi d'effet contre les provisions de l'établissement. En retour de l'hospitalité, ces malheureux apportèrent la disette : on eût dit qu'ils n'avaient pas mangé depuis vingt jours ; ils montraient des crocs comparables, pour la solidité, à ceux des anthropophages de la Nouvelle-Zélande. Jamais je n'ai vu autant manger de ma vie. Par un sentiment de justice, le corps des officiers se montra d'une sobriété exemplaire : sans cela, le traiteur ne se serait pas rattrapé ; il eût demandé grâce.

Au dessert, quand cette fringale eut été complétement apaisée, et qu'il se fut fait un peu de silence devant les bouteilles vides, un jeune voltigeur se leva. C'était un barde ; nous ne lui connaissions pas ce talent de société. Il avait l'espoir d'une lecture au théâtre Montmartre pour un vaudeville qu'il venait d'achever en collaboration avec quatre de ses amis. Du reste, sa figure était douce et ingénue. Il réclama la bienveillance de l'auditoire, passa la main dans ses cheveux d'un blond cendré, et chanta :

AIR : *Tontaine, tonton.*

Célébrons notre capitaine,
Marchand de bonnets de coton,
Tonton, tonton, tontaine, tonton.

> Il vend aussi de la futaine,
> Du tricot et du molleton,
> Tonton, tontaine, tonton.

— Bravo ! bravo ! s'écria la compagnie entière en faisant chorus.

Je ne savais comment prendre la chose : le jeune troubadour était-il un mauvais plaisant, ou simplement un être naïf qui se livrait au *flonflon* avec l'abandon de son âge? c'est ce que je ne pouvais démêler encore. Oscar me rassura : la rime avait entraîné cet adolescent, qui avait eu le tort de se lancer dans des idées industrielles à propos d'une réunion toute militaire. La suite de la chanson nous le prouva :

> Voltigeurs, sous le casque à mèche
> Du chef de notre peloton,
> Tonton, tonton, tontaine, tonton,
> Vous voyez briller la flammèche
> Qui s'échappe du mousqueton,
> Tonton, tontaine, tonton.

— Admirable ! s'écria la compagnie, que des libations multipliées rendaient indulgente.

Après les couplets, vinrent les toasts, et chacun voulut improviser le sien. Oscar porta la santé de madame Paturot, qui fut accueillie avec le plus grand enthousiasme par les fournisseurs de la maison. Enfin, je fus appelé à parler, et le plus grand silence s'établit parmi les convives. Je n'ai jamais été bien fort sur l'improvisation; aussi, quand je me trouvai en présence de ces soixante têtes enluminées, qui dardaient sur moi leurs cent vingt prunelles, une espèce de vertige me domina. Ces gens-là n'étaient pas forts, et pourtant j'étais intimidé. Heureusement, je me souvins des conseils d'Oscar : prenant la pose napoléonienne, et promenant mon regard d'aigle sur l'assemblée, je dis avec un accent saccadé :

« Camarades, je suis content de vous. Cependant « la compagnie n'est pas ce qu'elle devrait être, nom « de nom. A partir de demain, je veux la passer à la « réforme, et il n'y aura pas de ma faute, nom de « nom, si elle n'est pas plus ficelée. Un autre ne vous « dirait que ça, nom de nom; et moi, je ne vous en « dis pas davantage. Un mot encore; un dernier « mot. Songez que du haut de ses plumets, la com- « pagnie du Puget vous contemple! »

Cette allocution, brève, rapide, exalta mes grognards. Oubliant toute réserve, ils me soulevèrent et me portèrent en triomphe.

III.

LA COMPAGNIE MODÈLE ET LA FEMME IDEM.

Le sort en était jeté : j'allais entrer dans la voie des réformes. Avant mon élévation, la compagnie offrait un bizarre assemblage de pantalons incohérents, d'oursons dégradés, de plaques irrégulières, de buffleteries anomales. Point d'aspect guerrier, point de tenue militaire. On venait en capote ou en frac, avec ou sans sac ; les fusils étaient de vingt modèles différents, à capucines de fer ou de cuivre, longs ou courts, pourvus ou non de bandoulières, à chien ou à piston. Si quelques voltigeurs plus soigneux portaient la guêtre d'ordonnance, d'autres poussaient l'oubli du décorum jusqu'aux bottes vernies et aux souliers de couleur. C'est une marqueterie affligeante. Le maniement du fusil s'exécutait sans ensemble, sans précision; chacun prenait son rang comme il l'entendait, le nain près du colosse, et les ventres les plus remarquables de la compagnie en serre-files. Deux hommes surtout, le plumassier et le coquetier, dépassaient toujours l'alignement d'un demi-mètre : ils jouissaient l'un et l'autre d'une santé déplorable à laquelle je n'ai jamais pu les faire renoncer. Ce sont les seuls voltigeurs de la compagnie qui y aient mis de l'entêtement.

En homme prudent, je ne brusquai pas la métamorphose; seulement, dès la première garde, je passai une inspection sévère. Oscar m'a dit depuis que je me montrai sublime de pose, de coup d'œil et d'àpropos. Les rangs étaient ouverts; je parcourus les deux fronts, examinant mes soldats un à un sous toutes leurs faces. Mon regard d'aigle allait surprendre les moindres défectuosités de la tenue, et dès lors la compagnie put voir qu'elle avait affaire à un connaisseur. Quelques mots familiers, à l'instar du grand homme, animaient la scène et lui donnaient le caractère tout à fait impérial.

— Martin, disais-je à l'un, vous avez là un pantalon qui est légèrement banlieue; tâchez de vous culotter autrement à la prochaine garde, mon camarade.

— Ah çà, et vous, Chapoulard, disais-je à un autre, quel est ce briquet qui vous bat dans les jambes? Prenez garde! avec des mollets de ce calibre, on peut prendre feu ! Vous incendierez la compagnie, mon garçon.

— Patouillet, reprenais-je en m'adressant à un troisième, votre giberne ressemble à la boîte d'un facteur de la poste. Faudra me changer ça, mon ami.

Ces reproches, distribués çà et là, devant le front de la compagnie, excitaient des rires universels, et j'étais bien convaincu que les voltigeurs ainsi admonestés se surveilleraient davantage à l'avenir. En revanche, quand je passais devant un sujet plus soigneux et mieux brossé que les autres, je ne manquais pas de l'encourager du geste et de la voix :

— Tenue ficelée, parole d'honneur !... Voltigeur modèle !... Chic militaire, vraiment !... Avec cent mille fantassins de ce calibre, je ferais la campagne de Russie !... Tous les anciens ne sont pas morts !... Bravo, camarade, voilà qui est proprement astiqué !

Et ainsi du reste, toujours avec la même aisance et facilité. Ce plan de conduite, imité du plus grand guerrier moderne, qui peut-être l'avait lui-même emprunté à l'antiquité, eut un succès prodigieux. Dès la seconde garde, la tenue de la compagnie était singulièrement améliorée. L'armement était plus régulier, l'habillement moins disparate. Évidemment, on se piquait d'honneur ; on s'associait à ma pensée secrète. Pourtant ce n'étaient encore là que des préliminaires ; j'avais des projets plus vastes, plus étendus. Autour de moi, dans les postes du drapeau, dans les revues générales, j'entendais citer deux ou trois compagnies qui passaient pour des types de perfection citoyenne : on en parlait en mille endroits, et au Carrousel surtout. Quand elles défilaient dans les rues de Paris, un murmure d'admiration s'élevait le long du chemin, et leur formait une sorte de cortége. Adoptaient-elles un insigne, un ornement, à l'instant même une épidémie d'imitation se déclarait sur les deux rives de la Seine; toutes les légions faisaient acte de plagiat. Quelle gloire pour une compagnie, que de donner ainsi le ton et de régner sur l'uniforme! La faveur de la ville et de la cour, les applaudissements de la foule, les sourires de Sa Majesté, les suffrages des princes, tout ce que le succès a d'enivrant, tout ce que la popularité renferme de charmes, s'attachaient à une position pareille, et formaient une sorte d'auréole autour des créateurs de ces corps privilégiés. Voilà où je voulais en venir; voilà quel rêve remplissait mes jours et troublait mes nuits. Éclipser la compagnie du Puget, lui enlever l'empire, me faire un piédestal de ses sacs humiliés et un arc de triomphe de ses plumets déchus, telle fut ma prétention, tel fut mon orgueil.

Oscar attisait cette vanité : le Machiavel avait son but. Depuis quinze jours il épuisait les couleurs de sa palette pour me créer un uniforme qui éclipsât tous les uniformes connus. Selon son habitude, il s'était laissé aller au vert ; mais vert et bleu ne se mariaient pas ensemble. J'élevai des objections ; il résista d'abord : son culte pour le vert allait jusqu'au fanatisme. Je me fâchai, et finis par obtenir qu'il se rabattrait sur le jaune : l'abus du jaune était moins dangereux. Dans ces conditions, il exécuta mon fantassin, celui que je voulais présenter à la compagnie comme idéal. Voici à quoi nous nous arrêtâmes : Guêtres d'ordonnance; pantalon bleu, aisé, sans sous-pieds, avec bande jaune et liserés jaunes; ourson à plaque jaune, orné d'une torsade jaune, comme les chasseurs de la garde impériale; épaulettes jaunes; frac à boutons jaunes et aiguillettes jaunes. A ces détails, Oscar voulait ajouter une buffleterie jaune; mais je m'opposai à cet excès, qui nous jetait dans les couleurs de la gendarmerie. J'adoptai le sac avec une giberne à plaque jaune. Les fusils devaient avoir des capucines en cuivre, ainsi que la garniture; la bandoulière était de rigueur, attendu que je préméditais l'exercice à feu [1]. Ces accessoires une fois réglés, Oscar dessina et coloria mon voltigeur-modèle. Pour ne pas se gâter complétement la main, il lui passa une couche de vert sur le visage, et me fournit un spécimen assez remarquable. Il est vrai que je lui avais prodigué mes conseils.

J'étais résolu à frapper le grand coup. Le premier jour où la compagnie se trouva de nouveau convoquée, je fis exécuter un roulement significatif et former le cercle. Tous les gradés étaient à mes côtés : la réunion avait quelque chose de solennel. Quand le silence se fut établi, je pris la parole :

— Camarades, leur dis-je, les grandes institutions ne vivent que par la tenue : hors de la tenue point de salut pour elles. Sous ce rapport, la compagnie laisse beaucoup à désirer; elle manque d'esprit de corps, d'émulation, de discipline. Les gre-

---

[1] Il n'est pas sans intérêt de rappeler que ceci se passait à l'époque où l'uniforme était arbitraire, et avant qu'une loi en eût fixé définitivement tous les détails.

nadiers du Puget lui marchent sur le ventre. Cela durera-t-il toujours? répondez-moi.

— Non! non! répétèrent à la ronde nos voltigeurs.

— A quoi cela tient-il, camarades? A quatre ou cinq brimborions qui donnent à l'homme l'air troupier, l'air *ric-à-rac*, le galbe militaire et l'œil à dix pas devant lui! Voilà où gît le lièvre. De quoi se compose, après tout, cette compagnie du Puget? D'huissiers, de procureurs, de détaillants, d'épiciers, de tailleurs, exactement comme la nôtre. Ces gens-là n'ont subjugué aucune espèce de Trocadéro. Eh bien, ils font de l'effet; ils simulent parfaitement les vieux de la vieille.

— Parfaitement, reprit Oscar, pour appuyer l'impression que produisait mon discours.

— Aussi les gloires, les honneurs sont pour eux. On dirait qu'ils sont toute la garde nationale : le père Lobau les comble de poignées de main, le colonel Jacqueminot les porte dans son cœur, l'état-major du Carrousel leur fait passer du champagne aux jours de garde, la cour même les voit d'un très-bon œil. Un de ces quatre matins on les décorera en masse.

— En masse, dit Oscar faisant écho.

— Voltigeurs, repris-je en élevant la voix, voilà un exemple. Les compagnies sont ce qu'elles veulent être. Quand vous le voudrez, il n'y aura pas dans Paris de soldats citoyens dignes de vous déboulonner les guêtres. Logez cela sous vos oursons, et nous donnerons du fil à retordre aux plus fendants.

Évidemment mon auditoire était ému, ébranlé.

Les voltigeurs prodiguaient les signes d'adhésion, ils échangeaient entre eux des paroles d'assentiment. Je ne laissai pas refroidir les impressions favorables. Prenant des mains du sergent-major les deux gravures coloriées, je les fis circuler dans les rangs, où elles obtinrent un accueil enthousiaste. La couleur jaune saisissait l'œil, et Oscar avait eu le soin d'y répandre des tons dorés qui flattaient beaucoup le regard.

— Voltigeurs, leur dis-je, voilà votre type, que vous en semble?

Il n'y avait pas à s'y méprendre, le costume était adopté : à peine deux ou trois partisans de l'ancien capitaine osaient-ils hasarder quelques critiques de détail. Je me recueillis alors, et ajoutai :

— Camarades, ce n'est pas tout que le costume : il y a encore la discipline. Dans la garde nationale elle ne peut être que volontaire : ce sont des arrangements de famille. Voici donc une petite charte que je vous propose, et sur laquelle nous aurons à délibérer, article par article. On prendra l'engagement d'honneur de s'y conformer.

Charte de la compagnie Paturot.

Art. 1er. La compagnie adopte à tout jamais, comme costume de rigueur, grande et petite tenue, les deux modèles ci-annexés, dessinés et coloriés par M. Oscar, peintre ordinaire de Sa Majesté.

Art. 2. A partir du 1er mars prochain, la compagnie sera costumée tout entière conformément aux modèles. Les délinquants seront punis d'une amende de 10 francs pour chaque garde de retard.

Art. 3. Si les infractions au costume ne sont pas générales, mai partielles, l'amende sera de 1 franc pour chaque article en contravention.

Art. 4. Les gants de daim sont de rigueur; les sacs également. L'usage des lunettes et binocles est prohibé sous les armes, sous peine de 1 franc d'amende, et de 5 francs pour la récidive.

Art. 5. Les voltigeurs dont les formes dépassent les proportions ordinaires seront invités à suivre un régime plus approprié aux exigences du coup d'œil sous les armes. Ceux qui persévéreraient dans un embonpoint funeste seront relégués au second rang et condamnés à des patrouilles hors de tour, dans l'intérêt de l'alignement général.

Art. 6. Les uniformes, les oursons et les accessoires devront, autant que possible, sortir des mêmes magasins, afin que le confectionnement en soit plus régulier. Les membres de la compagnie se désintéressent formellement de toutes prétentions à ces fournitures.

Art. 7. Chaque voltigeur recevra un numéro d'ordre, et les dispositions dans les rangs se feront d'après ces numéros. Il sera très-militaire d'appeler un homme par son numéro dans tout ce qui concerne le service.

Art. 8. La compagnie Paturot se décerne à elle-même, dès aujourd'hui, le titre de *Compagnie modèle*. Elle s'engage, sur l'honneur, à réclamer la restitution des cendres du grand homme.

Art. 9. Le produit des amendes formera une masse destinée à perfectionner le costume. Une cotisation volontaire sera imposée pour l'amélioration des tambours.

Art. 10 et dernier. La compagnie vote, à l'unanimité, des remerciments à M. Oscar, peintre ordinaire de Sa Majesté, pour les deux modèles ci-annexés. De son côté, M. Oscar déclare qu'il se dessaisit en faveur de la compagnie, de la propriété pleine et entière de ces objets d'art.

Fait au Carrousel, le...

PATUROT,
Capitaine en premier.

Pour copie conforme à l'original :

OSCAR,
Sergent-major, et peintre ordinaire de
Sa Majesté.

Telle était cette pièce, qui complétait et sanctionnait mon plan de réforme. Elle ne passa pas sans difficultés. Un jeune avocat, qui s'était glissé dans la compagnie comme un serpent sous l'herbe, prit la parole et chercha à établir que la loi que je proposais était une loi draconienne, un souvenir de la féodalité, une déplorable évocation du moyen âge. Nous ne nous attendions pas à cette sortie. Elle nous ébranla un instant; mais bientôt Oscar recouvra son assurance, et, avec l'intarissable verve qui ne l'abandonnait jamais, il prit à partie cet adversaire imprévu, et lui fit voir qu'il avait un maître dans l'art de la parole. L'avocat sentit qu'il s'était trop engagé. Par un retour adroit et familier à sa profession, il revint sur son point de vue, et prouva que notre projet était empreint d'une libéralité profonde et digne de la civilisation moderne. Ce revirement obtint un grand succès : c'est tout ce qu'avait cherché le stagiaire. Oscar le tint pour un homme d'esprit. Quoi qu'il en soit, la charte de la compagnie Paturot fut dès lors votée à l'unanimité et par acclamations.

Le costume s'exécuta; et, le premier jour du mois suivant, la compagnie arriva, dans des uniformes neufs, au poste d'honneur des Tuileries. J'avais bien cru m'apercevoir, en la conduisant, que le jaune des parements, des torsades, des plaques, des boutons, des lisérés, des épaulettes, tirait un peu trop l'œil, et je commençais à regretter qu'Oscar se fût montré aussi prodigue de cette couleur. Hélas! quand le rapin adoptait une nuance, il la portait dans le cœur; c'était un culte, une idée fixe. Cependant, la tenue de nos voltigeurs offrait une régularité qui rachetait ce que le costume avait de trop voyant. Nous arrivâmes au Carrousel, où le maréchal Lobau nous attendait pour passer son inspection habituelle. Du plus loin qu'il aperçut cette compagnie jonquille, son air devint rogue, son front se rembrunit : le vieux guerrier n'aimait pas les singularités de l'uniforme. Il ne dit rien pourtant, et ordonna quelques évolutions. La compagnie manquait d'instruction militaire; la manœuvre n'était pas son fort; les voltigeurs s'embarrassaient les uns dans les autres, la queue cherchait la tête, les alignements ne se faisaient qu'avec peine. Tout cela augmentait la mauvaise humeur du soldat de l'empire; il se contenait mal, il laissait percer son mécontentement. Enfin, dans un moment critique, l'explosion eut lieu. Mon second rang tout entier, sur un changement de front, s'égara dans l'espace, et offrit le spectacle du plus affreux pêle-mêle. Le maréchal n'y tint pas.

— Concierge, s'écria-t-il avec sa voix de tonnerre, concierge, fermez les grilles du Carrousel : ces serins-là vont s'envoler!!!

La manœuvre finit sur cette boutade. La leçon était dure; j'essayai d'en affaiblir la portée. A mes yeux, elle s'adressait moins au costume qu'à l'instruction militaire. Pour mériter le titre de compagnie modèle que nous nous étions décerné, il fallait faire quelques efforts, travailler l'école de peloton, s'élever même jusqu'à l'exercice à feu. C'est ainsi et seulement ainsi que l'on pouvait regagner l'estime du maréchal, et marcher de pair avec les compagnies célèbres dans la milice citoyenne. Oscar se rangea de cet avis, et l'échec fut oublié. Seulement on décida que la compagnie se livrerait désormais à la manœuvre sur une grande échelle. La plaine Saint-Denis fut désignée pour être le théâtre de ces expéditions, et, pendant un mois entier, mes voltigeurs s'y rendirent avec exactitude. Chacun d'eux emportait une trentaine de cartouches ; on exécutait des feux de file, des feux de peloton ; on simulait une petite guerre. Les évolutions ordinaires précédaient ou accompagnaient ces opérations stratégiques, et les bons effets d'une pratique soutenue se firent bientôt sentir. Un accident seul put interrompre le cours de cette éducation martiale. En homme défiant, je ne commandais le feu à mes voltigeurs que lorsque je me trouvais hors de la ligne de leurs fusils. Le lieutenant n'avait pas la même prudence, et mal lui en prit. Dans une décharge générale, il reçut à bout portant une baguette oubliée dans le canon. Heureusement le projectile frappa dans les parties charnues, et l'officier, ainsi embroché, en fut quitte pour quatre mois de traitement. Néanmoins, cette circonstance répandit quelque froideur sur l'exercice à feu, et la plaine Saint-Denis fut désormais délaissée.

On devine combien ces passe-temps militaires me détournaient de mon commerce et de mon ménage. Je ne m'appartenais vraiment plus : debout à cinq heures du matin, je rentrais au logis harassé, et n'y apportais pas toujours une humeur accommodante. Évidemment les honneurs me gâtaient et me jetaient dans une vie irrégulière. Malvina ne disait rien encore, elle souffrait en silence. De son côté, Oscar s'impatronisait de plus en plus dans la maison. Quelques instances que j'eusse mises à l'attirer vers nos exercices et nos manœuvres, jamais il n'y avait paru. Le diplomate avait eu autre chose en vue : il songeait à gagner le terrain que je perdais, et se mêlait un peu trop des affaires que je négligeais. Mes écarts d'ambition entraient pour beaucoup dans ses chances, et il employait un art perfide à les aggraver.

Un matin que je revenais de l'exercice à feu, Malvina ne se trouva pas, comme d'habitude, dans le magasin. Sans m'arrêter, je gravis l'escalier, ouvris la porte de l'appartement, et j'allais pénétrer dans la chambre de ma femme, quand je m'aperçus qu'elle n'était pas seule. Un dialogue était établi; je distinguai la voix d'Oscar.

— Quoi! madame Paturot, disait-il, c'est bien votre dernier mot?

— Oui, monsieur Oscar, et n'y revenez plus... Viens ici, Alfred, ajouta ma Lucrèce en s'adressant à son fils, viens donc que je te débarbouille la figure.

J'entrai sur ces paroles. La mère était occupée de la toilette de son enfant; Oscar, assis dans un fauteuil, semblait embarrassé, et ma présence fut loin de lui rendre son aplomb. Alors, aucun soupçon ne troublait mon âme; ce fut plus tard seulement que je compris ce que signifiaient les paroles échangées entre le rapin et mon épouse. Chère Malvina! elle avait plus de bon sens, plus de tête que moi. Au lieu de comprendre le danger des assiduités du peintre, en véritable mari j'eus l'incroyable inspiration de lui dire:

— Oscar, tu déjeunes avec nous, n'est-ce pas?

J'étais un homme prédestiné.

IV.

LES AMBITIONS DE MADAME PATUROT.

Quand le vertige s'empare d'une maison, ce n'est point à demi : rien de plus contagieux que l'exemple. Il y a d'ailleurs au fond du cœur humain un invincible besoin d'essais et d'expériences. Un succès, si grand qu'il soit, ne le remplit pas entièrement, c'est à peine une halte dans la voie des désirs. Tient-on jamais compte des résultats passés quand on aspire à une conquête nouvelle? Les lois de l'ambition ressemblent à celles de la gravitation : l'intensité s'y accroît en raison du chemin parcouru. Certes, j'avais obtenu du sort au delà de ce qu'un bonnetier peut en attendre ; huit cent mille francs, une femme aimable et fort experte, deux enfants qui venaient à souhait. Où est le bonheur, si ce n'est là, dans les joies de la famille, dans les douceurs de l'aisance? Eh bien, cette situation ne me suffisait pas ; je prétendais à mieux : on eût dit que je voulais lasser le destin. Au premier souffle de la flatterie, ma vanité s'était échauffée ; elle avait entrevu un monde brillant dont chaque jour la fortune me rapprochait. Au-dessus de moi et presque à ma portée, je voyais s'épanouir la classe qui dispose aujourd'hui de l'empire. J'étais en voie de l'atteindre ; encore un effort, encore quelques cent mille francs, et je prenais mon rang dans cette phalange de parvenus. Dans la mémorable nuit de mon suicide, mon pauvre oncle me l'avait dit : « Sois bonnetier, Paturot ; le vent souffle « du côté des bonnetiers et des marchands de chan- « delles. Un bonnetier peut aspirer à tout. Capitaine « de la citoyenne, conseiller municipal, maire peut- « être, et que dis-je, maire? conseiller d'État, député, « ministre!!! voilà ton programme, Jérôme, il est « moins chimérique que celui de l'hôtel de ville! »

Sois bonnetier, tu seras ministre!!! Ces mots retentissaient à mon oreille comme ceux des sorcières de Macbeth. Hélas! que de filateurs, marchands de nouveautés, drapiers, meuniers et droguistes, les ont entendus comme moi, dans le silence des nuits, au milieu du tumulte de la journée! Qui se résigne aujourd'hui à n'être qu'un simple marchand? Qui n'a pas été un peu ministre en rêve, et même président du conseil? Qui n'a pas, dans le monde du négoce, arrangé les destinées de la France au point de vue de *sa spécialité?* C'est le travers du jour : chacun y sacrifie. La science politique n'est plus l'étude d'une vie entière, le fruit d'une spéculation assidue ou d'une pratique patiente ; elle s'apprend dans les comptoirs, dans les ateliers, au milieu des mécaniques et des bordereaux. Un manufacturier est transformé en Colbert du jour au lendemain, et il se partage dès lors entre les soins de l'État et les foulons de ses fabriques. Faut-il le dire, esprit de corps à part? notre classe industrielle est arrivée trop tôt au pouvoir pour sa gloire ; elle aurait eu besoin d'un plus long noviciat ; elle poursuit son éducation aux dépens de la force, de la grandeur, de la dignité du pays. Le propre du commerçant, de l'industriel, est de voir d'abord dans les choses ce qui le touche : c'est une des qualités, un des titres de la profession. On n'y réussit qu'à ce prix. Or, cette vue personnelle devient un dissolvant dans les affaires publiques, qui exigent surtout de l'étendue dans l'esprit et du désintéressement dans le cœur. Il se peut qu'avec le temps la classe industrielle s'améliore, qu'elle se mette à la hauteur de ses nouveaux devoirs, qu'elle s'élève jusqu'à la politique; mais il n'en est pas moins vrai que les grandeurs l'ont surprise avant qu'elle fût apte à en porter le fardeau, et qu'elle a introduit dans la vie publique deux germes de décadence : la faiblesse dans les desseins, et les petits calculs de positions et de personnes.

J'en parle en converti, on peut me croire. Que n'ai-je aperçu, avant de m'y engager, les pièges de cette existence et les déceptions dont elle est semée! Les industriels qui aspirent à se transformer en médiocrités parlementaires ou ministérielles ignorent ce qu'il en coûte de servir plusieurs maîtres et de porter deux souquenilles, l'une d'homme public, l'autre de marchand. Sans doute, l'Etat est bon prince; il souffre des incapacités de tout le monde, et n'en rend personne responsable. C'est ce qui pousse vers ce service des prétendants si nombreux. Les expériences se font aux frais du Trésor; heureuses ou malheureuses, il paye sans murmure et sans recours. Ainsi, à ce point de vue, le risque est nul; mais les honneurs ont d'autres embarras, d'autres ennuis. A peine étais-je capitaine d'une compagnie modèle, et déjà je les voyais fondre sur moi. J'avais des envieux, des ennemis; mon propre parti commençait à se fractionner. A la tête des mécontents figurait un herboriste qui ne pouvait pas pardonner à ma maison l'indifférence qu'elle affectait en matière de tilleul et de camomille. Quoique cet homme fût peu considérable, l'activité chez lui suppléait à l'influence : son opposition n'ébranlait pas mon autorité, mais elle troublait mon repos. A la rigueur, j'aurais pu désarmer mon adversaire en lui prodiguant les commandes, sauf à précipiter ma famille dans les sédatifs qui ont pour base la guimauve et la graine de lin. Je ne le fis pas, en vue de ma dignité ; je dédaignai ce complot des infusions méconnues, je résistai à cette conjuration des plantes médicinales.

Au milieu de ces premières distractions de la grandeur, mes affaires n'avaient pas souffert. Malvina demeurait toujours au poste d'honneur, c'est-à-dire au comptoir et à la vente. L'inventaire qui s'achevait allait porter à un million le chiffre de notre fortune. Un article seul, une sorte de *cache-nez* dont elle avait eu l'idée, et qui s'était exécuté sous ses yeux, nous donnait plus de vingt mille francs de bénéfices. Les assortiments courants ne faisaient que paraître et disparaître : aux approches de l'hiver, le magasin était littéralement assiégé par les acheteurs. Cela dura ainsi jusqu'à ce qu'un événement singulier fût venu bouleverser notre maison et changer du tout au tout la vie calme que nous avions menée jusqu'alors. Cet épisode fut décisif, il demande à être raconté avec quelque détail.

Dans la clientèle élégante que nos articles de fantaisie avaient attirée, se trouvait une grande dame que l'on nommait la princesse palatine de Flibustofskoï. C'était une personne un peu mûre, mais pleine de majesté ; elle avait cet éclat qui tient à la fois de la nature et de l'art, et qui atteste des soins de conservation unis à une santé prospère. Rien de plus magnifique que ses épaules, de plus potelé et de plus royal que sa poitrine et les attenances. Si le regard était un peu fier, des cils noirs, d'une longueur idéale, lui donnaient on ne saurait dire quelle expression douce et quels tons veloutés. Tout dans cette femme accusait de la race : le port seigneurial, des cheveux cendrés à reflets bruns, une coupe de visage d'une distinction parfaite, un pied et une main admirables. Sa voix avait conservé le timbre argentin qui est ordinairement l'apanage de la jeunesse ; l'incarnat de ses lèvres était d'une pureté extrême ; ses dents n'avaient pas de rivales pour la blancheur et pour l'émail. A la voir descendre de son brillant équipage, appuyée sur le bras d'un chasseur de bonne maison, on eût dit une déesse, une Junon ou une Niobé. Rien n'approchait du goût de ses toilettes : les fourrures du Nord, les riches étoffes, les joyaux, les objets de prix y contribuaient, mais sans affectation, sans étalage. Tout cela était merveilleusement porté ; l'élégance en faisait excuser la richesse, la distinction en rehaussait la valeur. La princesse Flibustofskoï menait, d'ailleurs, grand train : elle occupait, dans le plus beau quartier de Paris, un appartement somptueux, donnait des fêtes, avait une nombreuse livrée, vivait, enfin, sur le pied des plus grandes existences de l'aristocratie. Oscar, qu'on ne prenait jamais au dépourvu, la connaissait ; il la nommait *la providence des artistes*, ce qui m'autorisa à croire qu'il lui avait fait l'hommage onéreux de quelques-uns de ses herbages.

Sans que Malvina pût deviner pourquoi, la princesse Flibustofskoï l'avait prise depuis quelque temps en affection. Deux ou trois fois par semaine, son équipage s'arrêtait devant notre porte, ce qui était, pour les voisins, un objet de sourdes jalousies. Le marche-pied s'abaissait, et la belle palatine venait s'asseoir familièrement près du comptoir de Malvina, qu'elle honorait de visites très-longues. Les commis déployaient quelques colifichets, quelques objets de luxe, la princesse choisissait et engageait ensuite l'entretien. On connaît madame Paturot; on sait quel est son talent, sa facilité de parole; toute princesse qu'elle fût, madame Flibustofskoï ne pouvait pas lui en remontrer de ce côté. Aussi ces conversations devenaient-elles à peu près interminables : Malvina, une fois lancée, ne s'arrêtait plus; elle racontait sa vie à la princesse et les vicissitudes qui l'avaient traversée, lui parlait de ses malheurs d'autrefois, de son bonheur actuel, de la prospérité de sa maison et du million en chiffres ronds qui allait se trouver au bout de l'inventaire. Ces détails semblaient intéresser beaucoup la palatine, et la liaison devenait chaque jour plus intime, sans toutefois franchir l'intervalle qui sépare un marchand du client. En retour des confidences de Malvina, la grande dame prodiguait les attentions délicates, les prévenances affectueuses, s'informait de ma santé, de celle de nos enfants, enfin débitait une foule de petits riens qui avaient du prix, venant d'une bouche aristocratique.

Bientôt la princesse palatine eut un parti dans ma

maison : Malvina en raffolait ; elle en parlait à toute heure, à tout propos. De loin en loin madame Flibustofskoï envoyait quelques jouets pour ma petite famille, et accompagnait ces envois de billets charmants. Mes enfants se declarèrent donc en sa faveur, et eurent aussi son nom à la bouche. Notre bonne ne fut point insensible à quelques œillades du grand chasseur, et passa à son tour aux Flibustofskoï. Enfin Oscar, renchérissant sur le tout, célébrait sans relâche la haute position, la magnificence, la générosité de la princesse palatine. Il ne la nommait que la belle Moscovite, la majestueuse Moscovite, la superbe Moscovite, exaltait son goût pour les arts, et le talent de son cuisinier. Ainsi ma maison entière conspirait pour elle. Seul je résistais, seul je me défendais contre cette influence ; mais quand je m'avisais d'émettre quelques doutes, de montrer quelque tiédeur, j'étais sûr de voir éclater une explosion universelle. Le peintre ordinaire de Sa Majesté s'exaspérait plus haut que les autres.

— Voilà comme tu es, Paturot, s'écriait-il, un sceptique, un vil sceptique ! O industriels ! vous ne savez que vous défier ! où serait la foi sans les artistes ?

— Mon Dieu, ne te fâche pas, Oscar.

— Non ; mais c'est que le commerce altère vos facultés. Vous vous y abrutissez, vous vous y encroûtez. Suspecter la princesse palatine, ô Jérôme !!!

— Mais, non !

— Une Flibustofskoï !

— Eh bien, non !

— Une aussi majestueuse Moscovite !

— Non ! non !

— Jérôme, va-t'en de ma part à l'ambassade russe; demande le secrétaire de la légation, un jeune blondin; dis-lui de te montrer la carte de l'empire des Russies, dressée par les ordres de S. M. l'empereur Nicolas; tu y verras les terres de la princesse palatine.

— Mon Dieu! je m'en rapporte...

— Cent cinquante werstes carrées, mesure locale; tu convertiras la chose en hectares, pour avoir le droit d'en parler en France.

— A quoi bon?

— Ce n'est pas tout! Suis la récapitulation. Dix mille serfs et trois cent vingt-deux mille têtes de bétail paissant sur les rives fortunées du Don, département de l'Ukraine, sous-préfecture d'Azoff. Voilà ce que sont les Flibustofskoï! Soupçonne encore, soupçonne!...

— Du tout, je me rends.

— Paturot, Paturot! les épaulettes t'égarent. De ce que cinquante épiciers, plus ou moins, t'ont porté au commandement d'une compagnie, tu te crois en droit d'accabler de tes mépris l'aristocratie européenne, d'insulter les blasons, de dédaigner les illustrations héraldiques. Mais sais-tu bien, malheureux, que si les alliés reparaissent en France, la princesse palatine pourra te faire tailler en pièces par quarante-quatre régiments de Cosaques?

— Elle est donc bien puissante?

— Riche à millions, Jérôme! Elle possède des mines d'or dans les chaînes de l'Oural, à deux pas des Demidoff, ces bienfaiteurs des critiques parisiens. Elle m'a fait une commande de trois paysages à cent écus la pièce : c'est princier, vois-tu.

Ce dernier argument ne souffrait pas de réplique ; je cédai. Avec la maison entière, je fis chorus au sujet de la princesse Flibustofskoï, je la reconnus pour la palatine la plus généreuse et la plus adorable de l'univers. Au fait, pourquoi aurais-je montré plus de défiance? Comme le disait victorieusement Malvina, la princesse payait comptant ; c'était un titre irrésistible. La conversation en resta là ; notre majestueuse Moscovite avait l'unanimité. Du reste, pendant un mois, il en fut peu question ; elle venait moins fréquemment au magasin, et je soupçonnai Oscar de détourner sur ses paysages une portion de ses libéralités. Au fond, je n'étais pas fâché de cette froideur : instinctivement, je n'éprouvais que de la répugnance pour une intimité semblable. Malvina, au contraire, regrettait beaucoup ses causeries avec la grande dame, et ne savait comment expliquer sa réserve après tant d'assiduités. Un soir, au sortir de table, nous nous en entretenions dans le salon, quand tout à coup la porte s'ouvre, et un valet de pied annonce à haute voix :

— Madame la princesse palatine de Flibustofskoï !

C'était elle, en effet, elle dans notre appartement ! Malvina croyait rêver, et je cherchais vainement à m'expliquer le motif de cette visite. La princesse alla droit vers ma femme :

— Ma toute belle, dit-elle d'une voix caressante, je viens vous surprendre jusque chez vous. Chassez-moi, si je suis une indiscrète.

— Princesse, répondit madame Paturot, fière et troublée à la fois de l'honneur qu'on lui faisait, c'est trop de bonté... Je suis vraiment confuse... Peut-être n'a-t-on pas su vous servir à votre gré là-bas?... Pardon, je vais descendre.

— Non vraiment, non, ma charmante; c'est vous que je viens voir.

En même temps, elle se retourna de mon côté; et, m'adressant le plus gracieux des sourires :

— Ah! c'est monsieur Paturot!

— Madame la princesse, répondis-je en m'inclinant.

— C'est bien, monsieur. Il y a longtemps que je désirais vous rencontrer. J'ai des reproches à vous faire.

— A moi, madame la princesse?

— A vous, monsieur. Quand on a tout ce qu'il faut pour briller dans le monde, on ne s'enfouit pas dans une arrière-boutique; on se produit, on se fait voir.

— Ah! princesse...

— Et votre femme, monsieur, vous voulez donc l'enterrer vivante? On ne l'aperçoit nulle part, et elle serait si bien partout! Tant d'esprit et de grâce!... Seriez-vous jaloux, par hasard, monsieur?

— Lui, princesse, répondit Malvina, lui jaloux! il n'y a pas de danger; c'est moi qui ai fait son éducation.

— A la bonne heure! mais pourquoi alors ce séquestre, cette solitude?

— Princesse, cela s'explique, dis-je un peu embarrassé; le manque d'occasions...

— Pitoyable défaite, monsieur; dites plutôt que vous êtes un despote; que vous tenez votre femme sous des plombs de Venise.

— Pauvre chat, dit Malvina venant à mon secours, comme on le calomnie!

— Ne l'excusez pas, ma belle; il est impardonnable.

— Que de rigueur! repris-je.

— Ce n'est que justice. Voulez-vous parier, monsieur, que votre femme ne sait pas seulement ce que c'est que le Théâtre-Italien, et comment chante Rubini?

— Pour ça non, dit naïvement Malvina.

— Eh bien, vous le voyez, les tyrans de l'antiquité ne faisaient pas pire. Malheureuse victime! ajouta-t-elle d'un air compatissant. Vivre sans musique italienne : c'est un cas de séparation.

Puis se retournant vers moi :

— Monsieur, dit-elle, vous avez abusé du droit de la force; nous nous révoltons. Je vous enlève votre femme pour ce soir; je l'emmène aux Italiens. Permis à vous de nous suivre.

— Princesse, que d'honneur!

— Capitaine Paturot, ajouta la sirène, je veux vous présenter au feld-maréchal Tapanowich, gouverneur des colonies militaires de la Crimée. Entre guerriers, on est fait pour se comprendre.

Cette voix, ce langage, ce regard exercèrent sur moi une sorte de fascination. Je ne cherchai pas alors à m'expliquer ce qui pouvait motiver, de la part de la grande dame, une démarche aussi étrange et aussi inattendue. Machinalement je me laissai entraîner; j'obéis à ce prestige. Malvina éleva seule diverses objections que la princesse détruisait une à une. Elle n'en voulait pas démordre; il fallait se rendre aux

Italiens avec elle, prendre place à ses côtés dans sa voiture et dans sa loge, subir les honneurs et affronter le cérémonial de cette intimité. Enfin, madame Paturot céda : la vanité l'emporta sur la raison. Dès ce moment, ce fut une tout autre femme. Aucune de mes chimères n'avait laissé de traces dans son esprit; ni mes épaulettes civiques, ni la perspective de fonctions municipales ne l'avaient profondément touchée. Dans la carrière des grandeurs, elle ne voyait rien qui méritât une attention sérieuse. Mais cette fois, il s'agissait de toilette, d'exhibition publique; il s'agissait de se décolleter, de se caparaçonner, de se lancer dans les falbalas et les panaches, de se produire au milieu de cette société choisie, étalage vivant de pierreries et de dentelles. Les ambitions de ce genre, une femme les comprend toujours, et madame Paturot plus qu'une autre. Aussi allait-elle et venait-elle, comme si une tarentule l'eût piquée, tantôt ne sachant à quelle toilette s'arrêter, tantôt regrettant de n'avoir pu se préparer un peu à l'avance. La princesse la conseillait et la calmait de son mieux.

— Allons, ma toute belle, point d'extravagances... c'est divin comme cela... Voyez-moi; on va simplement aux Bouffes quand on le veut; il n'y a que les Anglaises qui se découvrent obstinément les épaules, et Dieu sait à quel point!... une autre fois nous ferons comme elles... il faut varier... Je vous enverrai mes faiseuses. Allons, venez; vous êtes délicieuse ainsi.

Malvina termina ses apprêts; mais, dès ce moment, elle se promit de ne plus se laisser surprendre, et d'avoir des toilettes qui ne fussent pas improvisées. Les goûts de luxe et d'élégance sont instinctifs chez les femmes ; ils peuvent sommeiller, un rien les réveille. C'est par là que madame Paturot devait se laisser séduire. Quant à moi, pour faire honneur à la princesse, j'avais cru devoir me revêtir de mon uniforme.

— Fi donc, monsieur Paturot! me dit-elle en m'apercevant; les épaulettes sont de très-mauvais goût aux Bouffes. C'est bon tout au plus pour les Tuileries.

J'endossai un frac noir, et me mis galamment à la disposition de la noble palatine. Pendant ce temps, elle avait daigné se mêler aux jeux de ma petite famille avec une grâce et un abandon adorables. Impossible de se montrer plus avenante et plus affectueuse. Qui eût dit, à la voir aussi affable, qu'elle avait des mines d'or et d'argent dans l'Oural, et trois cent vingt-deux mille têtes de bétail dans les campagnes de l'Ukraine!

V.

MADAME DE PATUROT DAME PATRONESSE. — LES INONDÉS DU BORYSTHÈNES. — UN FESTIVAL.

Malvina était lancée; le feu avait repris aux poudres. Cette ardeur que les soins du commerce et du ménage avaient amortie venait d'éclater de nouveau; le babil reverdissait, la pétulance avait reparu. La princesse Flibustofskoï ne pouvait plus se séparer de ma femme. A chaque instant c'étaient des fêtes, des distractions, des occasions de dépense. Il existe à Paris une grande société fort mêlée, où il suffit d'un titre exotique et de beaucoup de luxe pour se produire, pour faire de l'effet. Par une sorte de convention, on y vient de toutes parts comme sur un terrain neutre, sans que cela puisse engager ni compromettre. Le faubourg Saint-Germain et la haute finance s'y rencontrent avec la diplomatie, les plus beaux noms comme les plus brillantes fortunes; seulement chacun s'y tient sur un pied de réserve, et ne se livre qu'avec précaution. On pourrait même, dans ces nombreuses assemblées, distinguer les divers petits groupes qui évitent de s'y confondre. Ce qu'on y cherche, c'est l'éclat et le luxe, non l'intimité. Personne ne voudrait encourir la responsabilité de quelques admissions très-suspectes, ni approfondir les existences problématiques qui circulent dans ces réunions trop accessibles.

La princesse était alors la divinité de ce monde à part : le feld-maréchal Tapanowich l'aidait à en faire les honneurs. Ce militaire était un gros homme, trapu, à moustaches grises. Les souvenirs de l'invasion de 1815 lui étaient familiers, il y avait joué un rôle comme aide de camp de Kirchakoff. Du reste, ses petits yeux gris semblaient s'être adoucis en faveur de madame Paturot, et il m'honorait de poignées de main à la tartare qui me disloquaient les articulations. Quand Malvina, retenue par des affaires, restait deux jours sans aller chez la princesse, celle-ci lui dépêchait le feld-maréchal pour l'enlever, comme il le disait, militairement. C'était tantôt un bal, tantôt un concert, une promenade au bois ou une course de chevaux. Ma femme éleva d'abord quelques objections, puis elle finit par se livrer tout entière à cette existence nouvelle. Le comptoir fut abandonné; la surveillance du magasin retomba sur le premier employé, qui obtint de l'avancement et des honoraires proportionnés à ses fonctions. La vie du monde est une besogne incompatible avec d'autres occupations et d'autres devoirs. Ces femmes, que l'on croit oisives, dépensent une incroyable activité et des ressources d'imagination prodigieuses pour suffire au rôle qu'elles ont librement choisi. Il faut inventer des parures nouvelles, pressentir les rivalités de toilette, les déjouer, remporter des triomphes éclatants et ne pas s'exposer à des défaites; il faut avoir l'œil à tout: aux marchandes, si promptes à la trahison; à l'espionnage des soubrettes, à ces mille petites ruses que les beautés à la mode emploient les unes vis-à-vis des autres; enfin étudier, connaître à fond la stratégie des coquettes, non moins compliquée que celle de la guerre. Le vulgaire appelle cela des femmes de loisir; il les calomnie : aucune des servitudes volontaires dont parle la Boétie n'est comparable à cette servitude. En fait de chaînes, les plus lourdes et les moins faciles à briser sont celles que l'on se rive soi-même.

C'était dans ce courant que madame Paturot se laissait peu à peu entraîner. Naturelle et bonne fille, elle n'y mit pas d'abord de grands apprêts, se laissa éclipser sans murmure, et se résigna à ne figurer que sur un plan secondaire. Mais peu à peu le spectacle de ces vanités réveilla la sienne; le contact de ces prétentions altéra le laisser-aller charmant de son caractère : elle devint pincée, jalouse et mauvaise langue. Sa verve de grisette ne l'avait pas abandonnée, et elle s'en servit souvent pour se faire respecter des pimbêches du comptoir et de l'atelier. Du reste, une fois livrée au monde, Malvina ne s'appartint plus : nos enfants étaient à la merci des bonnes, la maison de commerce à la garde des employés, les dépenses du ménage à la discrétion de la domesticité. C'était une anarchie, un désordre complet. Malvina avait à peine le temps de donner audience aux ouvrières en robes et en chapeaux, au joaillier, à la modiste, à la marchande de chaussures. Une partie des journées s'écoulait en courses, et presque toutes les nuits se consumaient en veilles fatigantes. Je succombais à ce nouveau service. Les poëtes, en parlant des femmes, les qualifient volontiers de sexe faible : c'est sexe de fer qu'il faudrait dire. Les voit-on jamais demander grâce au bal? et quand elles s'y sont démenées, agitées pendant dix heures consécutives, ne sont-elles pas toujours prêtes à recommencer le lendemain? Sexe faible! le sexe fort n'en ferait pas autant.

Nous étions devenus les habitués de l'hôtel Flibustofskoï. Pour sauver les apparences aux yeux des grands noms russes qui fréquentaient cette maison, le feld-maréchal Tapanowich avait pris sur lui de nous anoblir. Les valets avaient le mot d'ordre; on annonçait toujours : *Monsieur et madame de Paturot!* Je voulus faire quelques observations au sujet de cette particule d'emprunt; Malvina s'y opposa, et traita mes scrupules de puérils. En effet, d'autres invités se montraient moins rigoristes, et cette usurpation de titres semblait être la monnaie courante du lieu. Le Tartare ne faisait grâce à personne, la livrée avait reçu à ce sujet des instructions inflexibles. Il fallait s'y résigner : j'étais *de* Paturot. Au bout de quelques jours cela me paraissait sonore et naturel.

La maison de la princesse avait un avantage qui la faisait rechercher de tout Paris : on s'y amusait. La plus grande liberté y régnait; l'étiquette en était bannie. On y avait organisé un théâtre de salon, ouvert presque à tout venant. Le feld-maréchal exerçait bien une espèce de police; mais quelques mots flatteurs adoucissaient le Tartare, et le rendaient au sentiment de la civilisation. La troupe se composait des dames les plus décolletées du grand monde, et des jeunes gens les plus susceptibles d'éducation dramatique et musicale. On se formait beaucoup par les répétitions; on se disait, à l'aide du chant et du dialogue, toutes les douceurs imaginables, exercice fort récréatif pour les rares époux légitimes admis à ces études préparatoires! Quelquefois, lorsque l'intention n'était pas suffisamment sentie par le jeune premier, il fallait revenir à la charge, étudier la scène à part dans le plus strict tête-à-tête, se pénétrer de la situation, entrer dans l'esprit de l'intrigue amoureuse. Là était le triomphe des sujets d'élite, et plus d'un cavalier à barbiche, qui avait débuté comme un novice, sortit des mains de ces dames comédien achevé. Madame Paturot choisit son emploi; elle se voua aux Déjazet et aux rôles culottés. Modestie à part, son succès fut le plus franc qui eut lieu sur ce théâtre, où elle naturalisa avec une grande délicatesse de dessin une danse que l'autorité entoure de quelques persécutions.

Désormais le nom de ma femme était inséparable de celui de la princesse. On ne faisait rien à l'hôtel Flibustofskoï sans consulter madame Paturot; l'influence du feld-maréchal lui-même s'inclinait devant celle-là. Un jour, Malvina, en entrant dans la chambre de la palatine, la trouva fort affairée.

— Que vous venez à propos, ma toute belle! j'allais vous envoyer chercher. Nous allons avoir de la besogne ces jours-ci.

— Qu'y a-t-il donc? répondit Malvina.

— Il y a, mon adorable, que le Borysthènes a pris la fantaisie de déborder. J'ai des lettres qui racontent la catastrophe : c'est à fendre le cœur. Vous avez là une jolie robe.

— Où est ça, le Borysthènes? dit Malvina, qui n'était pas de première force sur la géographie.

— Mais dans nos pays, ma chère; vous ne vous faites pas une idée du désastre! Des villages engloutis, des troupeaux emportés, une inondation à douze lieues à la ronde; des familles se réfugiant sur la cime des arbres, des poupons flottant dans leurs berceaux, tout ce qu'il y a de plus affreux. Qui vous fournit vos guimpes, mon enfant? Celle-ci est de bon goût.

— Palmyre. Eh bien, ce Boriscrène?

— Borysthènes! ma mignonne, célèbre par une romance de l'empire; Borysthènes, retenez bien le mot : il devient notre propriété. Nous allons créer une classe d'affligés qui nous appartiendra : celle des inondés du Borysthènes.

— Connu !

— Oui, mon enfant, connu, très-connu ! Il est des salons qui ont accaparé les Polonais ; d'autres, les réfugiés espagnols ; d'autres, les pensionnaires de la liste civile. C'est leur bien ; ils ne veulent pas qu'on y touche. Nous aurons les inondés du Borysthènes : voilà une rivière qui ne pouvait déborder plus à propos.

— Au fait, nous n'en sommes pas la cause : c'est Dieu qui fait la pluie et le beau temps.

— Et nous, ma petite, nous allons jouer le rôle de la Providence. Allez, cela fera du bruit. J'ai des plumes dévouées dans les journaux de Paris ; nous remuerons l'Europe. Savez-vous à quoi je m'occupais quand vous êtes entrée ?

— Pas le moins du monde !

— A dresser la liste des dames patronesses. Les premiers noms du globe ! lisez : l'archiduchesse de Poupoulakowen, la margrave de Chiroukalich, l'ambassadrice comtesse de Marmelada, la marquise de Pomparamon, madame de Paturot, etc., etc.

— En effet, c'est bien composé !

— Trente noms comme ceux-là, ma toute belle ! ! ! Les journaux inséreront ma liste. J'y joins quelques femmes de lettres et des épouses de financiers comme assortiment. Le public est si bizarre ! il en faut pour tous les goûts.

— Et ensuite ?

— Ensuite, nous aurons des ventes, des loteries, des représentations extraordinaires au bénéfice de 10; inondés du Borysthènes ! Il faut que ces malheureux nous bénissent. Nous les inonderons de bienfaits.

— Un bienfait n'est jamais perdu, dit sagement Malvina.

En effet, les inondés du Borysthènes devinrent bientôt célèbres. La princesse Flibustofskoï les prit ouvertement sous sa protection, et débuta par une tombola à leur profit. Des récits pittoresques parurent dans les journaux, et un artiste en romances en médita, à leur intention, une qui se terminait ainsi :

> De vos bienfaits n'arrêtez pas le cours,
> Beautés de la moderne Athènes,
> Accourez toutes au secours
> Des inondés du Borysthènes.

Le chant était plaintif; il eut un succès prodigieux dans les salons : les larmes coulaient de tous les yeux, et la loterie qui survenait arrachait l'or et l'argent de toutes les bourses. D'un autre côté, des doigts de fée travaillaient sans relâche à de petits ouvrages de broderie destinés à une vente publique dans l'intérêt des inondés. Quand le nombre d'objets offerts fut considérable, on créa un ingénieux petit bazar dans lequel s'installèrent des princesses assaisonnées de femmes célèbres dans les lettres et dans les arts. Malheur à l'imprudent qui s'aventurait dans cette enceinte à la poursuite de quelques babioles! Les Lombards du moyen âge étaient plus accommodants que ces sirènes de la bienfaisance. Elles ajoutaient au prix de l'objet celui des œillades qu'elles prodiguaient pour le vendre, et faisaient sans sourciller de la véritable usure au profit du malheur. Les marchandes étaient belles, la recette le fut aussi : les inondés du Borysthènes y trouvèrent une somme ronde. Madame Paturot se surpassa; son génie pour la vente se produisit en cette occasion, accru de toute la noblesse du motif. A l'en croire, tous les objets qu'elle débitait avaient été confectionnés par l'impératrice de Russie, et elle les évaluait en conséquence. Elle vendit à un lord une paire de bretelle 150 francs, mais le lord crut avoir sur les épaules un objet sorti des mains de la grande duchesse Olga.

Les inondés du Borysthènes avaient donc parfaitement réussi. La princesse voulut pousser les choses jusqu'au bout, et leur procurer un *festival*. Pour cela elle s'adressa à l'artiste breveté qui exécute ce genre de plaisanteries. Après avoir secoué quatre fois sa crinière, l'artiste promit. Billets à 15 francs ; neuf cent soixante et douze exécutants, une messe des morts, et le *Combat des Horaces et des Curiaces* mis en musique : voilà quel fut son programme, court, mais significatif. On prit jour. Tous les cuivres disponibles furent arrêtés à l'avance, ce qui ne devait nuire ni aux instruments à vent, ni aux instruments à cordes.

— Princesse, disait l'artiste en agitant sa chevelure, je retrouverai pour vous l'hymne de la Création perdu depuis le déluge.

Le jour du festival arriva : les patronesses avaient admirablement opéré, tous les billets étaient placés, la grande société de Paris était accourue. L'artiste n'avait voulu laisser à personne le soin de conduire son œuvre. Il siégeait au pupitre, à cinq mètres au-dessus du niveau des flots de l'orchestre. Dans le périmètre étaient disposés les croque-notes chevelus jugés dignes d'applaudir avec discernement. Lui, cependant, l'artiste, le révélateur musical, l'aigle de la clef de *fa*, promenait son regard sur l'assemblée, cherchant à rappeler à l'ordre une incommode mèche de cheveux, et s'inspirant d'avance du succès qu'il allait obtenir. Parlez-moi du génie pour infuser de la confiance et inoculer de l'aplomb : c'est à cette pierre de touche qu'on le reconnaît.

Mais, silence ! le festival a commencé. La première note est de celles qui firent tomber les remparts d'une ville de Judée. Heureusement, la salle est solide; elle résiste; la vie est sauve si les oreilles ne le sont pas. La messe funèbre en douze parties s'est passée sans accident; il ne reste plus à entendre que le *Combat des Horaces et des Curiaces*. Plus d'une fois j'avais ouï parler d'un procédé imaginé par l'inventeur du festival, lequel procédé consiste à mettre la vie publique et privée en musique. On racontait à ce sujet des anecdotes extraordinaires, entre autres celle qui lui était arrivée dans un restaurant. Ayant à demander un fricandeau à l'oseille, le grand artiste tira un flageolet de sa poche, et se mit à moduler quelques sons :

Ta deri dera ! Ta deri dera !

Le garçon ne s'y trompa point; il n'hésita pas un instant, et apporta le fricandeau demandé. Voilà comment le génie ferme la bouche aux détracteurs.

Le morceau capital de la soirée était donc le *Combat des Horaces et des Curiaces*. L'artiste l'aborda du haut de son pupitre avec tout le sang-froid que lui laissait l'opiniâtre mèche de cheveux vendue à ses ennemis. A mesure qu'il marquait la mesure avec sa tête, cette mèche malintentionnée s'égarait sur son front, dans ses yeux, le gênait, l'aveuglait, lui donnait un aspect ébouriffé et malheureux. N'importe, le combat commence ; attention !

Baoum, baoum, baoum, la la la, tchinn !

Ce qui veut dire que les Horaces, avant de partir pour leur duel, demandent la bénédiction paternelle, le pied droit en avant et les trois glaives à la hauteur de l'œil. Un triolet exprime la douleur des femmes qui assistent à ce spectacle ; et un point d'orgue, l'inflexibilité du vieillard.

Tra la la la ! la la ra ! la ra la ! pschh !

Les champions sont dans l'arène ; l'un des Horaces vient de succomber ; une sixte diminuée l'indique avec une profonde amertume ; on voit l'autre très-détérioré, tandis que les Curiaces n'ont encore que des blessures légères. Dans un petit solo de violes, le troisième Horace laisse pressentir l'idée du stratagème qui doit le sauver ainsi que Rome.

Tideri ! tiderideri ! la la la la ! boum !

Il ne reste plus qu'un Horace debout contre les trois Curiaces. Rome est fort compromise, comme le témoignent les trombones. D'un autre côté, les ophicléides célèbrent le triomphe des Sabins, non sans y mêler quelques réticences de contre-basse, qui ont l'air de dire : « Rira bien qui rira le dernier. » L'Horace vivant continue à comploter à l'aide des hautbois et des petites flûtes. Il est impossible, au mouvement d'*andante sostenuto*, de ne pas comprendre que cet homme a son idée, et qu'il ne faut pas trop tôt chanter victoire.

Ti ta ra ta ta ta! Ti ta ra ta ta ta ta!

Le stratagème est en pleine voie d'exécution ; tout le monde en est dupe. Les trompettes à clefs chantent la joie des Sabins, les bassons formulent l'indignation des Romains ; mais tout à coup, sur une reprise de clarinettes et un *da capo* inattendu, la chance tourne. Un Curiace tombe ; coup de tam-tam, et fanfares de clairons. Le fifre exprime les cris déchirants de la famille. — Fugue de violons ; le second Curiace mord la poussière. Évidemment le stratagème est des plus heureux ; quelques trilles de flageolet en font compliment au dernier Horace. Ce qui lui reste à faire n'est plus qu'une simple formalité : il marche vers le dernier Curiace, et le massacre avec une rentrée d'altos. Chœur général des Romains, et *tutti* d'instruments. On entend tirer le canon pour préluder à l'invention de la poudre.

Ce morceau, dont je n'ai pu donner qu'une idée très-imparfaite, termina le festival. Le héros était encore assis devant son pupitre, mais vaincu par les émotions de l'enfantement, et noyé dans sa mèche de cheveux toujours rebelle. On comprit qu'avec le dernier Curiace le festival était fini. Les croque-notes chevelus, disposés dans les angles de la salle, s'élancèrent vers le *maestro* pour le porter vers son carrosse, et en dételer les chevaux ; lui pourtant, en génie modeste, se déroba par une porte de derrière, demanda son manteau et ses socques, et alla rédiger l'article de la même main qui avait écrit la partition et tenu le bâton de mesure. Les génies modernes sont ainsi faits : ils cumulent toutes les gloires, et suffisent à tous les devoirs.

Ainsi se passa le grand concert au bénéfice des inondés du Borysthènes.

VI.

LES CHANTEURS DE SALON. — LES TROIS DIXIÈMES MUSES.

Décidément nous étions lancés dans le grand monde : j'étais devenu l'esclave du soulier verni, et Malvina puisait à pleines mains dans la caisse de la maison de commerce. Comment se produire sans diamants? il avait fallu des diamants ; sans dentelles? on avait donné dans les dentelles ; sans fourrures? on s'était procuré des fourrures. Il en est de la toilette comme de toute passion ; ce que l'on a sert tout au plus à faire ressortir ce qui manque ; un désir assouvi engendre un autre désir. Avec le goût de la parure arrivent d'ailleurs tous les préjugés d'état. Porter une robe deux fois, fi donc! c'est bon pour des gens de rien. Les parvenus sont surtout intraitables dans ces détails : ils prétendent lutter avec l'argent contre la naissance et contre la supériorité intellectuelle. L'un des soucis de Malvina, l'un des tourments de sa position nouvelle, était qu'on ne reconnût sous ses riches atours une grisette endimanchée. Notre coffre payait les frais de cette préoccupation.

Dans l'une des premières soirées où nous parûmes, je ne pus m'empêcher de remarquer un cavalier, pourvu d'un collier de barbe resplendissant et de petites moustaches noires du meilleur effet. Quand il entra, ce fut comme une dilatation générale dans l'assemblée ; un air d'épanouissement anima tous les visages, un sourire courut sur toutes les lèvres. Les dames les plus considérables, les beautés en vogue se levèrent pour aller vers lui, et firent assaut d'empressement. C'était à qui obtiendrait un mot, un regard, un geste. L'objet de tant de prévenances ne s'en montrait pas moins réservé, et s'avançait vers le piano, pour y déposer un rouleau qu'il tenait à la main.

— Voilà, me disais-je, quelque prince du sang, quelque ambassadeur.

Curieux de vérifier ma conjecture, je me penchai vers un voisin, et le priai de me fixer sur la position sociale de cet heureux mortel.

— Ça, me répondit-il, c'est le célèbre Triffolato, l'empereur de la romance plaintive. Vous allez l'entendre détacher du Schubert et du Concone. Il jouit d'un *ré* de tête dont toutes ces dames sont folles.

En effet, l'artiste poussa au piano l'accompagnateur qui lui servait d'esclave, appuya une main sur le bois de l'instrument, de manière à se procurer la pose d'un Antinoüs mélancolique, passa quatre fois la main dans sa chevelure, roula des yeux amoureux à l'intention des cent quarante-trois dames qui émaillaient le salon, puis, sur un mode suave, il chanta :

Plaisir d'amour avait charmé ma vie,
Tourment d'amour va bientôt la finir.

Le silence le plus profond régnait dans l'assemblée ; le babil était généralement suspendu. Aussi le chanteur semblait-il triompher. Chaque note sortait avec une grande sûreté d'intonation ; la voix était parfaitement posée. Des acclamations, des extases, des larmes saluaient l'artiste, qui n'en paraissait ni plus ému, ni plus fier. Quand il eut exécuté deux ou trois romances, il rassembla sa musique éparse, fit deux révérences, et se déroba à l'enthousiasme universel.

— Bravo, Triffolato ! criait-on de toutes parts, bravo !

— Quel talent modeste ! dis-je à mon voisin.

— C'est qu'il est attendu à dix heures chez la duchesse de Mirasol. Il a gagné ses cent écus ici, il va en gagner autant ailleurs. En pressant un peu le mouvement, il peut faire quatre salons par soirée. Total, douze cents francs.

— Peste ! dis-je, voilà des roulades hors de prix.

A peine avais-je achevé ces mots, qu'une seconde entrée attira l'attention de la compagnie. C'était encore un cavalier fort agréable, joli brun comme l'autre, moustaches noires comme l'autre, un cahier sous le bras comme l'autre. Le même mouvement se produisit parmi les élégantes, et le nouveau venu ne se montra ni moins froid ni moins majestueux que son devancier.

— Pour le coup, dis-je à mon voisin, voici au moins un duc et pair.

— Ça, répliqua mon voisin, c'est l'illustre Muscardini, le prince de la romance bouffonne. Vous avez entendu tantôt Jean qui pleure, vous allez entendre Jean qui rit. Celui-ci possède un temps de hoquet qui précipite parfois ces dames dans une hilarité compromettante.

Muscardini s'approcha gravement du piano, préluda par les mêmes poses, les mêmes roulements d'yeux que Triffolato ; puis, au dernier accord de la ritournelle, il décomposa son visage le plus habilement du monde, et partit :

<blockquote>Nos avons-t-y ri ! nos avons-t-y bu !</blockquote>

et cætera. C'était une chanson normande : l'accent, l'intention, rien n'y manquait, on eût dit un herbager des environs de Falaise. Le succès fut prodigieux ; mais le chanteur ne s'arrêta pas en si beau chemin, il passa de romance burlesque en romance burlesque, et alla jusqu'à la ventriloquie. La gaieté était au comble, quand tout à coup Muscardini disparut : il avait épuisé son répertoire.

— Encore cent écus de gagnés, me dit mon malicieux voisin ; il a assez de nos applaudissements, il va chercher des *bis* ailleurs.

— Quel précieux talent ! pensais-je ; parlez-moi de montrer le blanc des yeux en chantant et de cultiver la chanson comique : voilà des positions sociales !

Je m'imaginais en être quitte pour une fois. Hélas ! je connaissais peu les chanteurs de salon. Quelque part que nous missions les pieds, nous étions sûrs de voir paraître le célèbre Triffolato et l'illustre Muscardini. Triffolato exécutait son *Plaisir d'amour*, Muscardini mimait son *Nos avons-t-y ri !* Partout je retrouvai les mêmes notes, les mêmes points d'orgue, les mêmes fioritures, les mêmes effets ou larmoyants ou bouffons. Triffolato se passait la même main dans les mêmes cheveux, montrait le blanc des mêmes yeux, prenait la même pose mélancolique sur le même bras. Muscardini reproduisait les mêmes contorsions, le même accent, les mêmes gestes ornés de la même ventriloquie. La leçon était si parfaitement apprise, que l'artiste se fût fait un scrupule d'y changer un iota. Aussi, au bout d'un mois de ce régime, avais-je suffisamment du Muscardini et du Triffolato. Quand l'un commençait à rouler la prunelle, l'autre à composer son masque, je m'esquivais prudemment pour aller visiter le buffet ou tenter la diversion d'un whist à un louis la fiche.

Le premier hiver que nous passâmes dans ces fêtes fut pour moi une suite d'expériences. J'avais souvent entendu parler de ces femmes qui plongent leurs peines de cœur dans des flots d'encre, et versent sur le papier les trésors de pureté et de grâce que renferme leur imagination. Je n'ignorais aucune des railleries qui s'attachent à cette vocation, et les quolibets dont on l'a poursuivie. Faut-il avouer ma faiblesse? Je suis de ceux qui ne refusent aucun droit aux femmes, et qui signeraient des deux mains ce qu'on appelle leur émancipation. Pourquoi les réduire à reprendre par la ruse le terrain que la force leur enlève? Chez moi Malvina était souveraine; elle eût voulu se faire tambour-major, que j'eusse passé condamnation sur ce goût dépravé. Je comprends donc qu'une femme écrive, si tel est son plaisir, et encore mieux que le public la siffle et la honnisse si elle écrit des sottises ou des inconvenances. En toute chose l'antidote est près du poison.

Ce fut donc avec un vif sentiment de satisfaction que je vis arriver une soirée littéraire organisée par la princesse Flibustofskoï avec le goût et le tact qui ne l'abandonnaient jamais. Les plus grands noms des lettres et des arts avaient promis de s'y trouver, et, pour rendre cette fête à jamais mémorable, la palatine avait imaginé un tournoi entre trois femmes poètes les plus célèbres du temps. Chacune d'elles devait improviser un morceau, comme Corinne sur le Capitole. Il était d'ailleurs convenu qu'on ne choisirait pas entre elles, mais qu'on les couronnerait en masse et indistinctement. Il fallait éviter le conflit des amours-propres et le choc des lyres.

La fête eut lieu, et elle fut magnifique. Impossible d'en décrire l'éclat et l'originalité. Cette rencontre, sous les mêmes bougies, des plumes les plus connues et des imaginations les plus fécondes, avait tous les caractères d'un congrès. Les écoles s'y confondaient comme les genres, les poétiques les plus opposées s'y donnaient la main. La fraternité du punch et des babas avait radouci les esthétiques les plus farouches; l'art chevelu n'était plus autant sur sa barbe, l'art bien peigné avait mis son gazon de travers. Bref, c'était un de ces rares et fugitifs moments dans lesquels les partis désarment; il eût été possible d'en faire surgir l'harmonie et le phalanstère de l'art. Personne n'y songea, tant la princesse avait multiplié les distractions liquides et solides. Cette heure si vite envolée ne se retrouvera plus : on sait que l'occasion est chauve.

Cependant l'effervescence de la consommation ne put faire complétement oublier le bouquet de la fête.

L'art chevelu lui-même remit après le tournoi ses derniers projets contre l'alcool du lieu, et demanda, avec la férocité qui lui est particulière, les têtes des trois improvisatrices pour les couvrir d'hommages et d'applaudissements. On dressa une estrade, sur laquelle montèrent les trois Corinnes, l'une en costume grec, l'autre dans les atours du moyen âge, la troisième en pantalon à la turque.

Ce fut la Corinne au costume grec qui commença. On eût dit une Minerve, tant le regard était viril, la pose assurée. La chevelure noire, ramassée avec art, ressortait avec plus d'éclat sous un bandeau de perles fines. Le vêtement se composait d'une tunique admirablement drapée ; des bracelets d'or, richement ciselés, étaient le seul accessoire de la toilette. Les bras étaient nus et merveilleusement beaux ; le visage et le buste offraient la réunion des plus heureuses lignes de statuaire. Cette magnifique personne se leva, saisit sa lyre, et modula les sons suivants :

A ces paltoquets de journalistes,

STANCES.

De vous, ô mirmidons ! je ferai table rase.
Regardez ce talon : faut-il qu'il vous écrase
    Comme le dernier des roquets ?
Impunément, messieurs, croyez-vous qu'on nous vexe ?
Vous crossez le bas-bleu, vous taquinez le sexe :
    Vous n'êtes que des paltoquets.

— Bravo ! bravo ! dit l'assemblée à la ronde.

Encor, si vous étiez des sapeurs de l'empire,
Des chasseurs de la garde, hussards, ou même pire,
    Soldats de Foy, de Masséna !

Mais vous n'êtes, hélas! rien que des pas grand'chose,
Et vous n'avez franchi, troupiers à l'eau de rose,
Pas la moindre Bérésina!

— Admirable! s'écria-t-on de toutes parts.

La deuxième Corinne se leva. Elle était vêtue comme une Berthe ou une Marguerite de Navarre. Sur le tabouret qui l'avoisinait, reposait un grand, un profond géomètre, occupé en ce moment à observer les astres, notamment celui qu'il avait sous les yeux. L'improvisatrice nouvelle était plus mélancolique que l'autre ; on pouvait lire sur son visage les ravages de la poésie et l'empreinte de la pensée. Sous sa robe de brocart, elle produisait un effet incomparable. Le géomètre illustre ne la perdait pas de vue, et elle tenait son regard d'inspirée fixe sur son géomètre. Debout, elle passa la main sur son front, se recueillit pendant quelques minutes, pinça son téorbe, et récita :

Quimper-Corentin, ma patrie.

En bas, chacun chante
L'objet qui l'enchante :
C'est un fait certain.
Mon idolâtrie
Est pour ma patrie,
Quimper-Corentin.

— Ah! bien! dit l'assemblée.

A mon géomètre.

O mon géomètre,
Mon prince et mon maître,
De mon œil je voi
Dedans vos yeux sombres

Scintiller les nombres
Qui cherchent leur loi.

Que je vous honore,
O grand Pythagore,
Newton aux doigts nus !
Car, grâce à vous, j'use
De l'hypoténuse
Et du cosinus.

— Divin ! s'écria l'assemblée, charmante allégorie !

La troisième Corinne se leva ; elle portait une cravate rouge et un gilet broché. Il m'en souvient encore, elle était assise auprès de madame Paturot. Sans s'inquiéter de l'auditoire choisi qui l'entourait, elle tira un briquet de sa poche, une pipe d'écume de mer et une bourse à tabac. Avec la même tranquillité, elle chargea son calumet, l'alluma au moyen du classique amadou, exhala quelques bouffées, et improvisa ce qui suit :

FRAGMENT.

« O fumée de la pipe, tu manquais aux femmes, comme les femmes
« te manquaient ! Deux peuples contemplatifs ont adopté la pipe, sans
« acception de sexe : le fanatique Musulman, le grave Espagnol. Barbarie sans nom ! despotisme dépourvu d'intelligence ! on ne veut
« pas que la Française cultive la pipe, ce délassement de l'âme indolente et méditative ! On craint sans doute que dans ces spirales de
« fumée elle ne retrouve le souvenir d'amours fugitives et de passions
« évanouies ! on lui refuse l'usage du caporal et l'exercice du brûle-
« gueule ! ô oppression ! »

A cette improvisation si hardie et si nouvelle, un frémissement d'enthousiasme parcourut l'assemblée. L'art chevelu, qui était en nombre dans le salon, poussa des cris frénétiques et se précipita en même temps sur les plateaux de liquides, qui reparaissaient à l'horizon. On voulait organiser une ovation pour la Corinne qui venait de venger avec tant de verve une institution éminemment sociale, celle de la pipe! mais elle, avec cette indifférence et ce dédain particuliers aux talents qui ont la conscience de leur force, ne prit pas seulement garde à ces témoignages d'admiration bruyante. Elle se contenta de se tourner vers ma femme, qui était toujours assise à ses côtés :

— Veux-tu une cigarette, madame Paturot? lui dit-elle.

— Merci ; je ne fume plus, répondit très-convenablement Malvina.

VII.

LES HOSTILITÉS DE L'HERBORISTE. — UN PROCÈS. PATUROT COMMANDANT.

J'ai déjà parlé de mon ennemi l'herboriste : à cette qualité d'ennemi, il joignait celle de voisin. La jalousie dévorait cet industriel, et fomentait sa haine. Il ne pouvait me pardonner les équipages qui s'arrêtaient à ma porte, les brillantes recettes qui roulaient sur les tables de mon comptoir, les toilettes de ma femme, la beauté et la santé de mes enfants. Tout le temps que lui laissaient la mélisse et la valériane, il l'employait à espionner le mouvement de mes affaires, mes démarches, mes distractions et mes plaisirs.

L'envie est si ingénieuse, que cet homme était parvenu à connaître, jusque dans les moindres détails, ce qui se passait dans ma maison. Il savait quels jours j'étais de garde, de quoi se composait mon ordinaire, et quel était mon état de santé. Cependant nos deux industries n'auraient pas dû se porter mutuellement ombrage : la bourrache pouvait sans déchoir fraterniser avec le tricot, la scabieuse n'avait aucun motif sérieux d'en vouloir à la futaine. Le seul point de rapprochement de nos articles consistait en un service réciproque : ma flanelle absorbait les sueurs que provoquait l'assortiment de mon voisin. C'était le cas de s'en féliciter et d'en rendre grâce à la nature ; mais la jalousie est un mal qui dérange la tête en même temps qu'il ronge le cœur ! Cet homme était presque fou : il me le prouva.

Pour défendre le magasin contre les ardeurs du soleil, Malvina avait imaginé une petite tente extérieure du meilleur goût, dans le genre de celles que l'on nomme *marquises*. Cette tente se roulait sur un cylindre en bois, et, au moyen d'une crémaillère, se déployait à volonté : un petit mécanisme lui donnait plus de mobilité que n'en ont d'ordinaire ces sortes d'auvents, et en rendait la manœuvre extrêmement facile. L'ensemble se distinguait d'ailleurs par une élégance rare, et plusieurs détaillants des environs s'empressèrent de copier ce modèle. Or, cette tente avait le privilége de rendre l'herboriste furieux ; plus d'une fois, je le surpris à la regarder d'un air consterné, et les employés du magasin eurent souvent à repousser une exaspération qui se traduisait en voies de fait. Pour dégrader les franges de mon appendice lorsque le vent les agitait, mon voisin prodiguait sur sa devanture les guirlandes de plantes épineuses, qui y jouaient le rôle des haies vis-à-vis de la toison des troupeaux. Il fallait renouveler souvent cette partie de la bordure, et j'aurais pu, à la rigueur, me plaindre de cette méchanceté gratuite. Mon amour pour la paix me fit fermer les yeux.

Cette longanimité enhardit mon adversaire; sa colère s'accrut de mes dédains, et de la violence qu'acquièrent les passions sourdes et silencieuses. Notre tente était le cauchemar de cet homme; elle empoisonnait ses jours, elle troublait ses nuits. Debout sur sa porte, les bras croisés, il la foudroyait de ses regards. Une pareille préoccupation nuisait même à son petit commerce. Il le comprit enfin, et résolut de terminer cette lutte par un coup d'éclat. Un soir, un huissier laisse à mon adresse un de ces grimoires sur timbre que, par euphémisme, on nomme des exploits. Je le prends, et au travers d'un formulaire aussi puéril que barbare, je cherche à démêler ce que me veut cette pièce, et au nom de qui elle m'est envoyée. C'était à n'y pas croire. L'herboriste m'assignait devant le tribunal de première instance, « pour me voir condamner (je copie le papier tim-
« bré), aux termes des articles 1382 et 1383 du code
« civil, à 4,000 francs de dommages et intérêts, en
« réparation du dommage causé au requérant pour
« une tente indûment déployée devant la porte de son
« établissement, sans préjudice du dommage cou-
« rant et de toutes les répétitions que le requé-
« rant pourrait avoir à exercer contre ledit défen-
« deur, etc. » Pour justifier cette prétention de

4,000 francs d'indemnité, l'herboriste offrait de prouver par ses livres que, depuis six mois, il avait vu sa vente décroître d'une manière considérable, circonstance qu'il ne pouvait attribuer qu'à l'obstacle élevé entre son magasin et la vue du passant, et à une foule d'autres intrigues qu'il se réservait d'énumérer à l'audience.

Jamais plus singulier procès ne fut imaginé ni tenté. Les objets qui font saillie sur la voie publique étant une affaire de police, mon adversaire aurait dû avoir recours, en cas de grief fondé, à cette juridiction; mais il craignait mon influence et avait le sentiment de sa faiblesse. Nous étions d'ailleurs parfaitement en règle. C'était donc un mauvais procès; cependant c'était un procès. Les meilleurs se perdent si facilement! Je tournai d'abord la chose en plaisanterie, et ne commençai à m'en inquiéter que lorsque le jour de l'audience fut proche. Alors je réfléchis. Riche et considéré, il me répugnait d'engager une lutte avec un homme que je regardais comme très au-dessous de moi, d'abuser de ma force, d'écraser ce grain de sable; il me semblait digne et noble d'user de générosité, d'aller au-devant d'un arrangement. En cela, je ne me rendais pas entièrement compte du sentiment qui m'animait. Paraître en justice est toujours une chose grave, quand on ne traite pas la procédure comme une distraction et la chicane comme un moyen d'hygiène. Il est des gens, plus rares de jour en jour, qui plaident pour plaider, et à qui cette vie de récriminations publiques, d'embûches judiciaires, cause les plus douces émotions. Une course au palais après déjeuner est pour eux un élément essentiel de digestion ; et s'ils n'avaient pas une partie adverse pour maintenir dans un certain équilibre l'économie de leur appareil bilieux, ils seraient promptement atteints d'une maladie aux hypocondres. Dieu merci, j'étais d'un tout autre tempérament, et j'évitais, autant que possible, les malentendus de la justice humaine.

Dans cette disposition d'esprit, j'inclinais à terminer cette affaire à l'amiable. Mon adversaire avait choisi un avocat qui jouissait d'une certaine célébrité. On le disait taquin, mordant et spirituel ; mais il devait à son nom autant qu'à son rang, je le croyais du moins, de ne pas envenimer un procès où la partie la plus fondée en droit tenait à faire preuve d'un caractère conciliant. J'allai donc trouver le praticien, qui me reçut dans un vaste et beau cabinet. Je me nommai ; il m'accueillit avec une politesse exquise. C'était un homme d'une grande taille, dont la physionomie, vulgaire et disgracieuse dans l'ensemble, s'animait de temps en temps d'une finesse railleuse et d'un sourire acéré. Je lui exposai l'objet de ma visite, et il parut entrer dans mes vues avec une chaleur, une sincérité qui me touchèrent ; il me demanda seulement vingt-quatre heures pour en conférer avec son client, et ne mettait pas en doute que l'affaire ne fût assoupie. Du reste, sans y être obligé, il se répandit en compliments, se félicita de l'incident qui lui procurait ma connaissance, rendit justice à la noblesse de mes sentiments ; enfin, me combla de prévenances et de protestations.

— Voilà un homme bien poli, me dis-je, pendant qu'il me reconduisait jusque sur l'escalier.

Je crus cette petite affaire arrangée, et, dans l'intérêt de mes relations de voisinage, je m'en applaudissais. Aussi, quelle ne fut pas ma surprise, quand, le lendemain, je reçus un billet du célèbre praticien, dans lequel, après les excuses d'usage, il m'annonçait qu'il n'avait pu réussir dans la négociation dont je l'avais chargé ; que son client s'était montré intraitable, et voulait courir les chances d'un débat judiciaire. Je n'avais plus de temps à perdre : la cause devait être appelée dans le cours de la semaine, et je ne voulais pas, en demandant une remise, avoir l'air de reculer devant une attaque aussi puérile qu'injuste. La défense était d'ailleurs des plus simples, et je pensais que quelques explications des deux côtés suffiraient pour mettre le tribunal en mesure d'apprécier les faits. Je ne connaissais pas les avocats et leurs ressources.

Au jour fixé, nous étions tous au palais et dans la salle du tribunal. L'avocat de la partie adverse m'avait salué, mais très-cérémonieusement, et comme un homme qui se tient sur la réserve. La cause ayant été appelée, il prit la parole, et, dans un exorde où l'essor de la voix était évidemment ménagé, il chercha à faire ressortir la nécessité de protéger les petits contre la poursuite des grands, les faibles contre l'oppression des forts. Il rappela que l'institution de la magistrature avait surtout ce précieux caractère qu'auprès d'elle les rangs disparaissaient, les fortunes se nivelaient, et que le dernier des citoyens y trouvait appui et justice. Là-dessus, remontant à l'antiquité, il prouva que tel avait toujours été le rôle des archontes, des sénateurs, des cadis musulmans et des parlementaires français, et que jamais un homme, fût-il soupçonné d'être herboriste, n'avait été mis hors du droit commun. Du reste, poursuivait-il, la profession d'herboriste est humble, mais honorable : elle remonte à Pline l'Ancien, si malheureusement calciné pour avoir cueilli un rhododendron dans le cratère du Vésuve. Linné était herboriste ; le grand Averroës l'était aussi : deux herboristes sont morts en juillet pour la défense des lois.

Jusque-là il n'y avait rien à dire : le défenseur gagnait loyalement ses honoraires, en faisant l'éloge de la profession et de la personne de son client. Mon avocat devait lui répondre par un panégyrique en règle de la bonneterie : c'était dans l'ordre. Mais la plaidoirie de notre adversaire me réservait une épreuve plus grande. A un instant donné, cet homme, que j'avais vu si poli chez lui, si prodigue de prévenances que je ne lui demandais pas, se retourna vers moi en me lançant des regards irrités :

« Qui êtes-vous, vous qui nous opprimez? s'écria-
« t-il ; vous à qui nous pouvons dire ce que disait
« un philosophe de l'antiquité à un potentat de son
« époque : — Ote-toi de mon soleil! — Oui, qui
« êtes-vous, pour enlever ainsi au pauvre le pain
« qu'il gagne à la sueur de ses plantes médicinales?
« Qui êtes-vous? je répète. Vous êtes Paturot. Ne
« craignez rien, je vous ménagerai : vous avez tout à
« attendre de ma modération et de mon indulgence.
« Je ne dirai pas que vous êtes des intrigants à qui
« rien n'a coûté pour obtenir l'épaulette citoyenne ;
« que vous avez eu une jeunesse orageuse, pour ne
« pas la qualifier plus durement; que vous avez

« appris l'art de faire fortune dans les coupe-gorge
« de la commandite. Non, je ne dirai pas cela ; je
« veux vous ménager, vous, Paturot, qui ménagez si
« peu les autres. J'oublierai ce que la réputation du
« quartier paisible où vous résidez a parfois à souf-
« rir des habitudes irrégulières de votre ménage, ce
« que cause de dommages aux industries honnêtes le
« stationnement de certains équipages, ce qu'occa-
« sionnent d'insomnies aux laborieux locataires de la
« maison des rentrées bruyantes au milieu de la
« nuit, des fêtes trop fréquentes, un train et un éta-
« lage de parvenus ! Tout cela est dans la cause, et
« pourtant je n'en dirai mot. En attendant, mon-
« sieur, au milieu de votre inconduite et des dépor-
« tements de ce qui vous entoure, la bourrache
« souffre, la scammonée se plaint, la digitale dépérit,
« la violette se fane, le salep et le sagou marchent
« vers une décadence irréparable. Quatre mille francs
« pour tout cela, monsieur Paturot ; mais ce n'est
« pas un centime par genre de plantes. Monsieur
« Paturot, monsieur Paturot, ajouta-t-il avec des
« yeux enflammés de colère, au moment d'achever,
« permettez-moi de vous mettre en présence de votre
« conscience, si tant est que cet organe n'ait pas été
« détérioré chez vous par une longue inactivité, s'il
« n'est pas dans la situation dont parle Horace : *Illi*
« *robur et œs triplex*, c'est-à-dire cuirassé d'un triple
« molleton. Oui, j'en appellerai à votre conscience,
« pour réparer les torts que vous avez faits à une
« famille entière de simples, dont les relations à votre
« égard ne s'étaient jusqu'ici manifestées que par des
« liniments onctueux et des émulsions bienfaisantes.

« Je demande une enquête. »

Ainsi parla le prodigieux praticien.

Certes, je suis un homme pacifique et patient s'il en fut ; je sais me contenir et me combattre. Eh bien, j'aurais dans ce moment asséné, avec une satisfaction ineffable, un royal coup de poing à cet histrion, qui venait de jouer la comédie à mes dépens et de faire de l'éloquence sur mes épaules. Mon avocat riposta et accabla l'herboriste ; mais les blessures faites de ce côté ne réparaient pas celles que j'avais reçues, et il fallut sortir de là en gardant sur le cœur le poids de tant d'outrages. Depuis ce temps, j'ai vu de près les hommes de loi, et j'ai pu me convaincre que ce genre de procédés, loin d'être une exception, constitue au contraire la règle. On vante quelquefois les bienfaits de l'association des avocats et d'un régime qui semble avoir survécu à la grande défaite des privilèges. Il faudrait ajouter que c'est cet esprit de corps qui a maintenu au sein du barreau les plus déplorables habitudes de la basoche, ces discours décousus qui se composent d'interminables redites, ce débordement d'injures indignes d'une époque civilisée. Peut-être appartiendrait-il aux magistrats de mettre un terme à ces écarts, et d'imposer des pratiques plus honnêtes et plus calmes. La plaidoirie ne saurait être le pugilat de la parole, et les libertés de l'improvisation ne doivent pas aller jusqu'à l'invective. Souffrir que des deux côtés on traîne les parties sur la claie, ce n'est pas respecter le droit de la défense, c'est dégoûter de la justice.

Le résultat de l'affaire fut ce qu'on devait en attendre : le tribunal débouta l'herboriste. L'exaspération de cet homme s'en accrut; il s'attacha désormais à mes pas, résolu à ne me laisser ni repos, ni trêve. Je voulus reprendre les choses au point où elles en étaient avant l'audience : je lui fis faire de nouvelles propositions d'indemnité. Il refusa obstinément : la blessure était trop profonde. J'avais à mes côtés un ennemi farouche, implacable, dont la haine s'accroissait de toutes les prospérités, de tout l'éclat de ma maison. Cette situation était intolérable : je me déterminai à en sortir. Oscar m'avait souvent parlé d'un architecte de ses amis qui désirait ardemment que je misse son génie à l'épreuve. C'était encore un artiste chevelu : il devait m'exécuter une habitation dans le goût du moyen âge, avec fenêtres à ogives, décoration extérieure à dentelles, clochetons, sculptures gothiques, goules, salamandres et gargouilles. Son devis portait à deux cent mille francs la somme nécessaire pour ce chef-d'œuvre. Depuis longtemps j'hésitais : je craignais les mécomptes, je voulais éviter d'engager de fortes sommes dans des constructions presque toujours improductives. Les persécutions de l'herboriste me décidèrent. Jaloux de m'affranchir de cet importun voisinage, je dus saisir un prétexte aussi naturel pour changer le siège de mon établissement. La maison moyen âge fut commandée, et l'architecte chevelu mit la main à l'œuvre.

Il me restait encore le service de la compagnie modèle, dont mon impitoyable herboriste se montrait l'esclave très-assidu. Je le retrouvais sur ce terrain, me poursuivant de ses œillades furibondes, et ourdissant contre moi des complots ténébreux. Le coquetier et le plumassier, blessés des reproches que j'adressais à des ventres de plus en plus déplorables, passèrent dans le camp ennemi. Les anciens partisans du facteur aux huîtres se réunirent à ce groupe de mécontents, et j'eus bientôt vingt-neuf voltigeurs contre moi. C'était une minorité imposante, et je craignais que ma popularité n'en fût ébranlée. Le zèle s'en ressentait déjà; on était moins susceptible en matière de fourniment, moins sévère sur l'uniforme. Je n'osais punir, de peur de grossir la tempête. L'instruction, négligée, redevint ce qu'elle était avant la régénération de la compagnie; nos alignements perdaient à vue d'œil, et le maniement des armes offrait des lacunes affligeantes. J'assistais avec douleur à cette décadence irrémédiable.

Un incident heureux me délivra de ce souci et de cet embarras. Le chef de notre bataillon venait de mourir; il s'agissait de lui donner un successeur. Oscar n'hésita pas à me conseiller de me mettre sur les rangs. La compagnie avait naguère jeté quelque éclat; on savait quelle figure elle avait faite entre mes mains, quel parti j'en avais tiré. Cela m'avait posé dans la légion; mon nom y avait fait du bruit. L'élection se présentait donc avec des chances favorables : il suffisait d'y aider un peu. Du reste, l'état-major du Carrousel me connaissait; il avait pu, en diverses occasions, se convaincre de la pureté de mes opinions politiques. Quand je parlais de Sa Majesté, c'était avec une effusion qui partait du cœur; je professais pour toute la famille royale une vénération, un dévouement sans bornes. Debout à la première alerte, j'avais conduit plus d'une fois ma compagnie à l'émeute, et commandé même des bivouacs dans l'intérêt de l'ordre public. Je m'étais, en toute occasion, prononcé contre les factieux, de quelque masque qu'ils se couvrissent ; je votais pour le candidat ministériel et recevais le *Journal des Débats*. C'étaient là des titres.

Aussi le Carrousel appuya-t-il ma candidature. Oscar retrouva également ce génie électoral qu'il possédait à un bien autre degré que celui de la peinture. On mit en jeu toutes les influences usitées en pareil cas, les grands et petits moyens, la stratégie ouverte et la stratégie souterraine. De nouveau, le succès couronna nos efforts : la graine d'épinards me fut dévolue à une belle majorité. Mais qu'est-ce que la graine d'épinards si le ruban rouge ne la relève pas ? On fit encore un petit effort, quelques démarches, et ma poitrine fut émaillée de l'étoile des braves.

J'étais commandant et décoré !!! L'herboriste n'avait plus qu'à se noyer dans une infusion de patience.

VIII.

PATUROT DANS LES GRANDEURS. — UN BAL A LA COUR.

Commandant et décoré, je voyais un nouvel horizon s'ouvrir devant moi. Tant que je n'avais eu sous mes ordres qu'une compagnie pure et simple, mes relations avec le château n'avaient pas dépassé la limite d'un déjeuner ou ambigu que présidait le gouverneur, M. de Castries, et qui se servait dans une salle du rez-de-chaussée près de l'Orangerie. Quand je fus à la tête d'un bataillon, le privilége gastronomique s'accrut avec le grade : je montai d'une ou deux cuisines, et me trouvai, les jours de grande garde, assis à la table de Sa Majesté le roi des Français. Ce fut pour moi un vif sujet d'orgueil ; et même aujourd'hui que toutes mes illusions se sont envolées, le souvenir de convives illustres et de coulis recherchés berce et console singulièrement mon estomac et ma mémoire. Le malheur ne m'a point rendu ingrat.

Il est des folliculaires qui se sont plu à répandre, sur l'ordinaire du château, de sottes et monotones accusations. A les entendre, le service de la table s'y fait d'une manière parcimonieuse, et il n'est sorte de détestables plaisanteries qu'ils n'aient imaginées à ce sujet. Certes, je ne suis point avide de supplices ; je n'ai ni du sang de Néron dans les veines, ni du fiel de Marat dans les vésicules ; mais, pour l'exemple, j'aurais voulu voir monter sur l'échafaud un de ces mauvais plaisants qui poussent chaque jour à la haine et au mépris de la bouche de Sa Majesté. Si encore ils en parlaient avec connaissance de cause ; s'ils s'étaient seulement approchés un jour, une heure, de cette table qu'ils dénigrent ; s'ils avaient humecté leur gosier de ce bourgogne velouté, de ce latour incomparable ; s'ils avaient joui du spectacle de ce menu, de la somptuosité de cette ordonnance ; cultivé ces rôts et ces entremets, passé en revue le gibier, la volaille et la marée ; apprécié ces hors-d'œuvre et pratiqué ces sucreries ; s'ils s'étaient initiés, par le plus léger contact, avec ces merveilles de la cave et de l'office, on pourrait croire à leur bonne foi et plaindre leur goût, les supposer insensibles à la délicatesse de la cuisine française par suite d'un appétit immodéré de biftecks humains, et les renvoyer à leurs véritables amphitryons, les rois cannibales de la mer du Sud. Ils mangeraient les autres ou on les mangerait, ce qui est d'une politique très-expéditive. Mais ils ne peuvent pas même, les malheureux, invoquer cette excuse, se retrancher derrière la dépravation de leurs organes ; car les produits qu'ils calomnient, ils n'y ont jamais touché, ils en ignorent la saveur et le parfum, ils poursuivent de leurs quolibets des condiments qui les fuiront toujours, des liquides qui ne s'approcheront jamais de leurs lèvres. Voilà pourtant comme on écrit l'histoire ! Tout à l'heure je parlais de l'échafaud : cette peine est trop douce pour de pareils criminels. Plus d'une fois je me suis demandé si Louis XVI et Malesherbes n'ont pas prématurément supprimé la torture. Il est vrai que de leur temps l'audace des écrivains n'allait pas jusqu'à la dépréciation systématique de la table royale ; cet excès de plume nous était réservé.

Je n'avais paru que deux fois au couvert de Sa Majesté le roi des Français, et déjà j'étais remarqué. Un air d'émotion bien sentie, une attitude pleine de respect, quelques paroles où éclatait le dévouement le plus vif, suffirent pour me signaler à l'attention de mes augustes hôtes. Je regrettais qu'il ne me fût pas permis de cogner trois fois mon front contre terre, comme on le fait devant l'empereur de la Chine, de baiser la botte vernie de mon souverain, comme c'est d'usage envers le pape, de marcher sur le ventre, comme le veut l'étiquette usitée à la cour du Grand Lama. J'avais la bosse de la vénération, et mon visage respirait ce sentiment. Il me semblait que la cour s'était résignée à une simplicité trop démocratique, et que cela devait lui faire du tort dans l'esprit des populations. J'aurais voulu plus de faste, plus d'apparat, quelque chose de cette magnificence que Louis XIV déploya devant les ambassadeurs du roi de Siam, de cette prodigalité orientale qui distinguait le calife Haroun-el-Raschid ; je ne pouvais contenir mon indignation quand je songeais à l'allocation mesquine que les chambres ont votée à la couronne comme on le ferait pour une adjudication ou pour un service au rabais. Au corps de garde et en d'autres lieux, je traitais ces procédés parlementaires de sordides et d'inconvenants, je me prononçais d'une manière ouverte pour le droit illimité que devait conserver le monarque de puiser dans le trésor public pour lui et ses enfants en ne consultant que les exigences de la représentation et l'éclat du trône. Le tout conformément à l'économie politique du détaillant de Paris, qui dit que le luxe de la cour *fait aller* le commerce.

J'ignore si mon zèle eut des échos, mais il me fut pas facile de voir que je gagnais du terrain : on m'accueillait au château avec des sourires de bon augure. Une faveur bien plus grande vint m'enorgueillir : au premier grand bal, nous reçûmes une invitation, madame Paturot et moi. Ce fut une révolution dans la maison ; mon voisin l'herboriste en eut la fièvre. Paraître à la cour était un rêve que

Malvina caressait depuis longtemps, sans oser s'y abandonner. Quel honneur et quel triomphe! La cour! que de souvenirs se rattachent à ce mot! Comme il exhale un parfum d'aristocratie et de grandeur! La cour, c'est-à-dire l'endroit où l'on marche de pair avec les Montmorency et les Noailles, les la Trémouille et les Rohan! Déjà je songeais à mon blason et composais mes armoiries.

En sa qualité de peindre ordinaire de Sa Majesté, Oscar trouvait toujours le moyen de se faufiler dans ces cérémonies. On le connaissait à la liste civile pour l'un des rapins chevelus qui exécutaient des portraits du roi à l'usage des mairies du royaume. Oscar en avait badigeonné cinquante-quatre, ce qui lui avait valu le titre dont il était si fier. Dieu sait de quels tons de chicorée il avait chargé les visages de Sa Majesté; mais, pour des copies payées à raison de 42 fr. 50 c. la pièce, on ne pouvait pas se montrer difficile sur la couleur. La passion d'Oscar pour le vert ne lui avait donc fait aucun tort auprès de la liste civile, qui l'honorait de loin en loin de quelques billets. Quand il sut que nous étions invités, sa joie fut au comble. J'étais décidé à très-bien faire les choses. On m'avait dit que l'habit français réussissait à la cour : je voulus avoir un habit français; j'y ajoutai l'épée avec garniture en acier et le chapeau monté. Le peintre se chargea de la commande, et par la même occasion, il s'équipa complétement. Malvina, de son côté, n'était pas inactive, et préparait une resplendissante toilette. De huit jours, il ne fut question que de cela dans la maison.

Une chose m'embarrassait encore : c'était de savoir si nous n'aurions pas l'air emprunté sous ces nouveaux vêtements. L'épée, le chapeau monté, les culottes, l'habit à grandes basques, ne sont pas un costume auquel on puisse se faire à l'improviste : cela demande une certaine pratique, des poses particulières, des mouvements de corps assortis à l'enveloppe. Oscar exigea que nous fissions quelques répétitions ; il dressa un programme qui comprenait l'entrée, le salut au roi, le salut à la reine, l'attitude générale, et la marche au point de vue de la flamberge. Une semaine fut consacrée à ces études en grand costume.

— Voici, mon cher, disait Oscar, qui s'était constitué notre professeur, voici ton affaire, en quatre mots. Regarde-moi bien.

— Je regarde.

— Tu entres en Lauzun, le chapeau sous le bras droit, la main droite enfoncée dans le gilet à la hauteur de la quatrième boutonnière, la main gauche légèrement appuyée sur le pommeau d'acier de ton Durandal. Voyons, prends la pose.

— M'y voici !

— Très-bien. Maintenant, circule en sautillant trois fois sur les talons, comme Firmin des Français. C'est tout ce qu'on connaît de plus Richelieu, de plus dix-huitième siècle. Une, deux, trois, à l'instar des comédiens poudrés du roi.

— Une, deux, trois.

— Manqué, mon cher, manqué ! Absence de légèreté et de grâce. Recommençons cela.

Au bout de quelques leçons, l'exercice de l'habit français allait mieux ; mon épée s'embarrassait moins souvent dans mes jambes, et je commençais à exécuter avec assez de précision le maniement du chapeau. Malvina en avait fait autant pour une robe à queue qui lui causait de grandes inquiétudes; enfin nous pouvions espérer de nous produire avec quelque succès.

Le jour de la fête arriva, et, avec lui, d'autres misères. Il était dix heures du soir, que le coiffeur de ma femme n'était pas arrivé; j'attendais aussi des souliers qui ne paraissaient pas. On envoya coup sur coup des domestiques pour presser les retardataires. Enfin, après bien des délais et des explosions d'impatience, à onze heures nous partîmes. Nous n'étions pas au bout de nos peines. Pour arriver au Carrousel, il fallut prendre la file le long de la rue de Rivoli : les voitures entraient lentement, une à une; le ciel versait des cataractes sur le pavé. La queue des équipages avait des dimensions effrayantes, et je vis le moment où j'allais ordonner au cocher de regagner la maison, remettant à des temps plus prospères l'exhibition de mon habit à la française. Oscar, qui ne voulait pas en être pour ses frais, calma ma mauvaise humeur. La file d'ailleurs commençait à s'ébranler plus promptement, et bientôt nous aperçûmes le perron qui devait nous servir de débarcadère : c'était un port dans la tempête; nous y touchâmes bientôt.

L'escalier était aussi encombré que la rue : on ne pouvait en gravir les marches que lentement et avec précaution. Dès les premiers pas, il nous fut aisé de voir que nos études préliminaires ne nous serviraient pas à grand'chose. Les épées s'entre choquaient, les robes à queue se montraient rebelles et s'égaraient dans les jambes des cavaliers avec une obstination invincible. Avant que l'on fût parvenu à l'entrée des appartements, on était déjà froissé, chiffonné, désorienté. Enfin, grâce aux huissiers et aux gens de service, il se fit un peu d'ordre, et au moyen de quelques mouvements de coude, nous parvînmes jusqu'au grand salon où se tenaient le roi et la reine. J'avais préparé avec un soin infini ma révérence capitale, et, arrivé à la hauteur de Sa Majesté, je l'exécutai avec un certain bonheur en y ajoutant un — Sire!... accentué d'une manière parfaitement sentie.

Je croyais avoir produit quelque sensation ; mais quelle fut ma surprise, lorsqu'en me relevant pour jouir de mon triomphe, je m'aperçus que Sa Majesté me tournait le dos pour causer familièrement avec je ne sais quel ambassadeur d'une cour du Nord. Madame Paturot avait également manqué son entrée, ce qui répandit sur son visage une certaine expression d'humeur. Tant bien que mal, nous gagnâmes un coin de la pièce, où il fallut se tenir debout, l'étiquette ne permettant pas de s'asseoir devant Leurs Majestés. Je comprenais cela; pourtant je ne pouvais me consoler de n'avoir pas captivé davantage le regard de mon souverain. Ce dos tourné me désappointait singulièrement, il empoisonnait ma fête.

Cependant je compris bientôt comment Sa Majesté pouvait être blasée même sur des révérences aussi irréprochables que la mienne : elle n'exécuta pas, dans la soirée, moins de trois mille saluts qui se succédaient comme des coups de piston d'une pompe à feu. Il faut vraiment qu'il y ait pour la royauté des grâces d'état; autrement, nul mortel ne résisterait à un tel service. On envie le sort des rois; moi, je les plains. La représentation entraîne des servitudes que peu de sujets se résigneraient à subir. De la place où j'étais, j'admirais ce don du sourire que Dieu a accordé aux monarques, cette élasticité des muscles qui tient à la fois à une supériorité de race et à un titre de vocation. Quand je voyais arriver ces douairières en falbalas, ces pairs à physionomie respectable, ces figures grasses ou maigres, ridées ou édentées, maladives ou vulgaires, qui se suivaient dans un défilé interminable, je m'étonnais qu'une tête humaine pût résister au spectacle de ce tourbillon, à la chaleur suffocante qui en émane, à ces mille odeurs qui remplissent l'air d'aromes suspects, à ce pêle-mêle de pierreries étincelantes et de poitrines découvertes, de fleurs et de rubans, d'habits noirs et d'épaulettes. Les uniformes surtout fatiguaient l'œil de leurs broderies; les ordres étrangers, les plaques de pierreries, les grands cordons, tous les aigles allemands, toutes les jarretières anglaises, les toisons d'or et les couronnes de fer, les Cincinnatus et les Nicham Iftihar, se déployaient sur les fracs civils ou militaires, et formaient comme autant de ruisseaux d'or et d'argent qui se croisaient dans des directions différentes. Quel luxe! Dieu! quel luxe! J'étais ébloui, suffoqué, enthousiasmé! Mé trouver là, côte à côte avec un maréchal de France, coudoyant vingt plénipotentiaires étrangers, au milieu des plus grands noms de l'Europe et des plus beaux diamants du monde, c'est un honneur dont on pouvait se montrer fier, et aucun Paturot n'en avait joui avant moi! La révolution de Juillet n'a donc pas avorté, comme le prétendent les factieux, puisqu'elle a introduit les bonnetiers aux Tuileries. C'était l'un des buts de l'institution.

A la suite de la réception, Leurs Majestés se retirèrent comme d'habitude, et la danse commença. Madame Paturot attendait ce moment. Elle s'était livrée à une toilette si remarquablement décolletée, qu'elle espérait attirer le regard d'un prince, au moins du plus jeune, du plus dépourvu d'expérience. Assise sur un tabouret, elle déployait toutes les ruses et les fascinations du regard, toutes les séductions de l'éventail pour amener ce résultat triomphant. Je compris que ma présence ne pouvait rien ajouter aux chances de la manœuvre, et je m'éclipsai pour aller visiter le buffet. Voilà encore l'un des mille objets sur lesquels les folliculaires ont exercé leur malice. J'aurais voulu les tenir là, à mes côtés, ces calomniateurs, pour les accabler du spectacle de ces tables chargées de mets succulents, à chaque instant renouvelés et disparaissant encore plus vite sous des dents que j'ose, avec tout le respect dû à la haute société du lieu, qualifier d'impitoyables. En examinant cette effrayante consommation, il me sembla que les ambigus du château avaient affaire à des plénipotentiaires bien affamés, à des ambassadeurs bien altérés, à des grands cordons qui couvraient des estomacs plus grands encore. J'ai peu vu dans ma vie, sans en excepter mes deux voltigeurs, le coquetier et le plumassier, d'appétits plus extraordinaires que ceux qui éclataient dans cette réunion de plaques, de broderies, d'épaulettes et de panaches. Il est vrai qu'on y remarquait des épouses de députés et des femmes de pairs de France.

Une portion de ma soirée fut consacrée à ce spectacle, qui me pénétra d'admiration pour la magnificence royale. C'était vraiment beau comme terrines et pâtés de foies gras, comme vins et comme service. Peut-être ne me serais-je jamais arraché à ces délices de Capoue, si Malvina ne fût venue brusquement me rejoindre.

— Partons, me dit-elle d'un air de mauvaise humeur.

— Mais...

— Pas de mais..., partons.

Nous regagnâmes la voiture. Madame Paturot gardait un silence obstiné, précurseur d'un orage. Je ne pouvais me rendre compte du motif qui la rendait aussi taciturne et aussi sombre.

— La belle fête! m'écriai-je pour rompre la glace.

— Oui, vantez-vous-en, répliqua-t-elle avec une aigreur mal déguisée. Bon pour des goinfres comme vous.

— Ah! Malvina, lui dis-je.

— Pas seulement une contredanse, ajouta ma femme en faisant explosion. Jolis princes! Des mollets garnis de quatre centimètres! Pas plus de gras que sur ma main! oh! jolis! jolis! j'en bâille rien que d'y penser.

Cette sortie m'expliqua tout. Malgré ses œillades incendiaires, Malvina n'avait pas fait ses frais.

FIN DU PREMIER VOLUME.

TABLE DES MATIÈRES.

Avant-Propos 1

PREMIÈRE PARTIE.

Chap.	I.	Paturot poëte chevelu...........................	5
—	II.	Paturot saint-simonien..........................	14
—	III.	Paturot gérant de la société du bitume de Maroc.	25
—	IV.	Suite du chapitre précédent.....................	35
—	V.	Paturot journaliste.............................	48
—	VI.	Suite du chapitre précédent.....................	59
—	VII.	Paturot feuilletoniste..........................	71
—	VIII.	Suite du chapitre précédent.....................	81
—	IX.	Paturot publiciste officiel.....................	93
—	X.	Paturot publiciste officiel. — Son ami le docteur.	103
—	XI.	Suite du chapitre précédent.....................	115
—	XII.	Paturot publiciste officiel. — Son ami l'homme de loi..	126
—	XIII.	Paturot publiciste officiel. — Son ami l'homme de lettres...	138
—	XIV.	Grandeur et décadence politiques de Paturot.....	148
—	XV.	Suicide de Paturot, philosophe incompris........	159
—	XVI.	Paturot bonnetier...............................	170

DEUXIÈME PARTIE.

Chap.	I.	Paturot bonnetier et garde national.............	182
—	II.	Paturot capitaine d'une compagnie modèle........	191
—	III.	La compagnie modèle et la femme idem...........	205
—	IV.	Les ambitions de madame Paturot.................	215
—	V.	Madame de Paturot dame patronesse. — Les inondés du Borysthènes. — Un festival.............	227

Chap. VI. Les chanteurs de salon. — Les trois dixièmes Muses 239
— VII. Les hostilités de l'herboriste. — Un procès. — Paturot commandant........................ 248
— VIII. Paturot dans les grandeurs. — Un bal à la cour .. 259

FIN DE LA TABLE DU PREMIER VOLUME.

www.ingramcontent.com/pod-product-compliance
Lightning Source LLC
Chambersburg PA
CBHW070545160426
43199CB00014B/2381